公关与礼仪修养（第2版）

主　编　张　宪　王茂玲

参　编（姓氏拼音排序）

　　　　陈亚冰　李东旭　刘宽宏
　　　　商成刚　宋佳欣　谈海宁
　　　　王　冲　薛增娥

北京理工大学出版社
BEIJING INSTITUTE OF TECHNOLOGY PRESS

版权专有　侵权必究

图书在版编目(CIP)数据

公关与礼仪修养 / 张宪，王茂玲主编 . -- 2 版 . -- 北京：北京理工大学出版社，2024.1
ISBN 978 - 7 - 5763 - 3664 - 1

Ⅰ.①公… Ⅱ.①张… ②王… Ⅲ.①公共关系学 – 礼仪 – 中等专业学校 – 教材 Ⅳ.① C912.3

中国国家版本馆 CIP 数据核字（2024）第 046419 号

责任编辑：陈莉华　　**文案编辑**：陈莉华
责任校对：刘亚男　　**责任印制**：施胜娟

出版发行 /	北京理工大学出版社有限责任公司
社　　址 /	北京市丰台区四合庄路 6 号
邮　　编 /	100070
电　　话 /	（010）68914026（教材售后服务热线）
	（010）68944437（课件资源服务热线）
网　　址 /	http://www.bitpress.com.cn

版 印 次 /	2024 年 1 月第 2 版第 1 次印刷
印　　刷 /	定州启航印刷有限公司
开　　本 /	889 mm × 1194 mm　1/16
印　　张 /	13
字　　数 /	220 千字
定　　价 /	48.00 元

图书出现印装质量问题，请拨打售后服务热线，负责调换

前言

"国有礼则国昌,家尚礼则家大,身尚礼则身正,心有礼则心泰。"孔子曰:"不学礼,无以立。"荀子曰:"人无礼则不生,事无礼则不成,国无礼则不宁。"习近平总书记指出:"礼仪是宣示价值观、教化人民的有效方式,要有计划地建立和规范一些礼仪制度。"礼仪作为一种制度规范和价值载体,具有成风化人的教化功能。自古至今,礼仪都是一个人立足社会、成就事业,获得美好人生的基础,是一个人气质风度、阅历见识、道德情操、精神风貌的反映,礼仪在现代社会中占据着重要的地位,是衡量人才素质的基本内容。

本教材深入贯彻党的二十大精神,坚持以社会主义核心价值观为引领,继承优秀传统,立足当代实践,传承发展中华优秀传统礼仪文化;内容涉及纪念庆典活动礼仪、社会层面的生产生活礼仪,既阐述全社会共同遵守的礼仪规范,也包含各行业的行为准则,整合礼仪教育的内容,构建家庭、学校、社会礼仪相结合的知识框架;着眼于学生职业生涯发展,注重职业素养的培养,实现感知礼仪、尊崇礼仪、践行礼仪,推动现代文明礼仪内化于心、外化于行的目标。

本教材通俗易懂、条理清晰,能满足中职学生学习的需要,同时也可以作为青少年提高自身礼仪修养的学习用书。全书包括

六个项目，内容涵盖中华礼仪文化、个人形象礼仪、家庭生活礼仪、校园文明礼仪、职场礼仪、沟通交际礼仪，在提高学生技能的基础上搭建就业和个人发展的平台。

本教材由张宪、王茂玲担任主编，确定编写思路和结构框架，参与部分章节的编写。负责全书的统稿工作，对全书进行总校并提出修改意见。王冲、张宪编写项目一；谈海宁编写项目二；薛增娥、王茂玲编写项目三；宋佳欣编写项目四；王茂玲编写项目五；陈亚冰、刘宽宏编写项目六。全体参编人员均来自教学一线，具有多年的教学和德育实践经验。来自宿州学院的李东旭老师和鲁泰纺织股份有限公司人力资源部商成刚经理对本书进行了编写指导。

本教材编写过程中参考了大量报刊文献，吸收了众多专家学者的研究成果，限于篇幅仅列出了主要参考书目。在此一并向各位专家表示衷心的感谢，有些资料参考于互联网上发布和转发的信息，在此亦向各位原作者表示诚挚的谢意。

因编者知识水平和职业阅历所限，不足之处在所难免，敬请广大读者在使用中批评指正。

编　者

Contents 目录

项目一 中华礼仪文化 ··· 1

    任务一　礼仪的起源与发展 ·· 2

    任务二　中华民族传统习俗礼仪 ·· 9

    任务三　古礼今用话传承 ··· 15

项目二 个人形象礼仪 ·· 23

    任务一　仪容礼仪 ··· 24

    任务二　仪态礼仪 ··· 30

    任务三　服饰礼仪 ··· 45

项目三 家庭生活礼仪 ·· 55

    任务一　家人相处礼仪 ··· 56

    任务二　邻里交往礼仪 ··· 64

    任务三　重要仪式礼仪 ··· 72

项目四 校园文明礼仪 ·· 79

    任务一　日常生活礼仪 ··· 80

    任务二　同学交往礼仪 ··· 88

    任务三　师生交往礼仪 ··· 96

项目五　职场礼仪 ·· **105**

任务一　求职礼仪 ·· 106
任务二　办公室礼仪 ·· 117
任务三　商务庆典礼仪 ·· 125
任务四　商务宴请礼仪 ·· 133

项目六　沟通交际礼仪 ·· **151**

任务一　会面与交谈礼仪 ·· 152
任务二　拜访与接待礼仪 ·· 167
任务三　会务礼仪 ·· 180
任务四　现代通信礼仪 ·· 192

参考文献 ·· **201**

中华礼仪文化　项目一

项目导语

中华礼仪文化是各民族文化的集大成者,生活在中华大地的各个民族,经过长期的接触、相互融会,在礼仪文化上逐渐呈现出共同发展、交融一体的趋势,形成了"共同的历史记忆"。礼仪文化是以礼仪为内核的文化观念、文化规范、文化器物等的总称,积淀着中华民族深沉的精神追求,成为各族人民凝心聚力、精神相依的精神纽带,在推动各民族交往交流交融、构筑中华民族共有精神家园上具有先天优势。

我国素有"礼仪之邦"的美誉,礼仪文化源远流长。中华五千年辉煌的文明和醇厚的文化底蕴,成就了丰富而又浓厚的礼仪文化。作为中国传统文化的重要组成部分,礼仪文化对中国社会历史的发展起到了广泛深远的影响,它赋予我们典雅的语言、优美的举止、和谐的人际关系及自信的气度。

在今天社会主义精神文明建设中,我们应立足于吸收民族文化中的精华,使传统礼仪的精髓古为今用,坚定文化自信,让中华文明礼仪在新时代走得更远。

学习目标

(1) 了解中华礼仪的起源与发展,提升个人礼仪素养;
(2) 了解中华传统礼仪习俗,能在不同的场合自觉遵守并恰当地运用;
(3) 掌握中华文明礼仪的精髓和内涵,坚定文化自信与历史自信。

任务一　礼仪的起源与发展

任务目标

◆ 了解中华礼仪的起源与发展知识，提升个人文化素养；
◆ 理解礼仪的基本内涵，形成继承中华文明礼仪的意识。

任务领航

有一次，忽必烈召见应聘官员，有一位学士叫胡石塘，他觐见忽必烈时，没有注意自己的帽子戴歪了。忽必烈看见他，问道："你有什么本事啊？说来我听听。"胡学士回答说："我有治国平天下的学识。"忽必烈听了哈哈大笑："你连自己头上的帽子都戴不平，还能平天下吗？"

结合胡石塘的故事，谈谈对"礼仪"的认识。

案例品读

《孝经》云：仲尼居，曾子侍。子曰："先王有至德要道，以顺天下。民用和睦，上下无怨。汝知之乎？"曾子避席曰："参不敏，何足以知之？"

曾子是孔子的弟子，有一次他在孔子身边侍坐，孔子问他："以前的圣贤之王有至高无上的德行、精要奥妙的理论，用来教导天下之人，人们就能和睦相处，君王和臣下之间也没有不满，你知道它们是什么吗？"曾子听了，明白老师是要指点他最深刻的道理，于是立刻从坐着的席子上站起来，走到席子外面，恭恭敬敬地说道："我不够聪明，哪里能知道，还请老师把这些道理教给我。"

在这里，"避席"是一种非常礼貌的行为，当曾子听到老师要向他传授知识时，他站起身来，走到席子外向老师请教，是为了表示他对老师的尊重。

知识准备

礼记

一、中华礼仪的起源

礼仪是起源最早的文化活动，是风俗、祭祀、人情等交往活动的综合产物，有着深刻的人类文化根源和社会基础。

中国地域性文化可以追溯到史前时期，可谓"十里不同风，百里不同俗"。从周代开始，中国社会就有了"采风""观俗"的现象，由于不断根据风俗变化对礼仪进行调整和变通，使得雅与俗、庙堂文化与民间文化互相调适融合，也正因为如此，形态、内涵各异的各民族习俗与国家的礼制、礼教没有发生特别激烈的冲撞和激荡，这种礼俗统一的效应，能够促进共同习惯和价值观念的产生，从而构建起维护社会秩序的文化体系。中华礼仪文化之所以如此精彩纷呈、博大精深，一个重要的原因就在于它海纳百川、兼收并蓄。

二、中华礼仪的发展与形成

1. 萌芽与草创时期

原始社会中晚期至公元前21世纪是礼仪的萌芽与草创时期。这个时期，人类逐渐开化，有了宗教礼仪和祭祀礼仪，这是原始礼仪的雏形。当时的人们已经意识到尊卑有序、男女有别，这一时期的礼仪较为简单和虔诚，不具有明显的阶级性。

2. 形成时期

夏、商、西周时期（公元前2000年至公元前771年）是礼仪的形成时期。这一时期，人类进入奴隶社会，统治阶级为了巩固自己的统治地位，把原始的宗教礼仪发展成符合奴隶社会政治需要的礼制，礼被打上了阶级的烙印，中国第一次形成了比较完整的国家礼仪与制度。这个时期内，周朝五礼（即吉礼、凶礼、军礼、宾礼、嘉礼）的确立代表着礼仪的基本形成。吉礼是指祭祀之礼；凶礼是指

丧葬礼仪；军礼是指阅兵、出师等仪式；宾礼是指诸侯对天子的朝觐及诸侯之间的会盟等礼节；嘉礼是指婚礼、冠礼、饮食之礼、庆贺之礼等。

3. 发展与变革时期

春秋与战国时期（公元前770年至公元前221年）是礼仪的发展与变革时期。这个时期内，周朝的传统礼制出现了"礼崩乐坏"的局面，学术界形成了百家争鸣的局面，以孔子、孟子、荀子为代表的诸子百家对礼教给予了研究和发展，对礼仪的起源、本质和功能进行了系统阐述，第一次在理论上全面而深刻地论述了社会等级秩序划分及其意义，奠定了儒家学说在传统礼仪文化中的核心地位。

4. 强化与衰落时期

从秦、汉朝至清朝末年（公元前221年至公元1911年）是古代礼仪的强化与衰落时期。在我国长达2000多年的封建社会里，不同朝代的礼仪文化具有不同的社会政治、经济、文化特征，但有一个共同点，就是礼仪为统治阶级所利用，是维护封建社会等级秩序的工具。这段时间前期，尊君抑臣、尊夫抑妇、尊父抑子、尊神抑人的礼仪得到了强化；后期，随着清朝政府的灭亡和西方礼仪的传入，古代礼仪盛极而衰。

5. 现代礼仪时期

现代礼仪的发展是在辛亥革命之后，破旧礼立新礼，现代礼仪的帷幕正式拉开，握手礼在中国逐渐流行。"五四"新文化运动后，摒弃了传统礼仪中落后的礼教，同时与一些国际上通用的礼仪进行了融合和创新。中华人民共和国成立以后，我国的礼仪得到了全新的发展，各种现代礼仪逐渐规范并趋于完善，逐渐确立了以男女平等、人人平等为主要礼仪的具有中国特色的新型社会关系和人际关系。改革开放以来，一些国际礼仪、礼节陆续与我国传统礼仪相融合，构成了社会主义礼仪的基本框架。

三、中华礼仪文化的特点

1. 敬

学习礼仪，要以尊重他人为起点。放低姿态，恭谦敬让，才能赢得他人的尊重。敬人不仅是礼貌的姿态、礼仪性的表示，而且要发自内心地对他人恭敬。如果没有发自内心的恭敬，礼节成了虚套，就失去了其本意。

2. 雅

雅是俗的反义词，就是举手投足间的优美与和谐，有文雅、儒雅之意。

3. 静

中华礼仪中的"静"，不只是平心静气，还有许多其他具体的表现，例如，讲话声音平和、神态安详为静；行走仪态中的不疾不徐为静；身心健康、内外和顺也为静。

4. 诚

诚，就是诚信、讲信用的意思。《孟子》说："诚者，天之道也；思诚者，人之道也"，即为人真诚厚道，才符合天道、人道。

5. 乐

中华礼仪发源于西周，西周的礼制准确来说，就是它的"礼乐制度"。西周的"乐"，不只是我们现在所理解的单纯的音乐，它泛指雅乐，源于古代祭祀乐，是指一切仪礼音乐。

四、当今社会礼仪的意义和作用

作为人类社会的一种文化现象，礼仪在我们的日常生活中扮演着重要的角色。礼仪不仅是社会交往的规范，更是人们彼此尊重、相互理解的重要途径。

1. 促进社会和谐稳定

人类社会中，人与人之间的交往是不可避免的，礼仪作为社会规范可以约束人们的行为，使人们在交往中相互尊重、互助合作、和谐相处，遵守礼仪，人们之间可以建立起良好的人际关系，减少矛盾和冲突。

2. 提升个人修养素质

礼仪涉及人们的言行举止、仪容仪表等方面，它要求人们在公共场合中保持良好的形象和态度。通过遵守礼仪，人们可以培养自己的自律能力，一个懂得礼仪的人，不仅能够给他人留下良好的印象，还能够更好地处理各种人际关系，提升自己在社会中的地位和声誉。

3. 传承文化传统

礼仪作为一种文化现象，承载着丰富的历史和文化内涵。遵循和传承礼仪，人们能够继承自己民族的传统文化，保持民族的独特魅力。礼仪也是一种文化传递和交流的方式，通过礼仪的传承，人们能够增进不同民族间的了解和沟通，促进文化多样性的发展。

4. 提高工作效率

礼仪要求人们在工作中尊重他人，注意团队合作，遵守规章制度，遵守礼仪规范。在职场中，遵守礼仪可以帮助人们建立良好的工作关系，可以更好地合作，减少误解和摩擦，实现个人和组织的共同发展。

5. 树立社会形象

一个国家和地区的礼仪水平，往往代表着该地区的文明程度和国民素质。通过遵守礼仪，人们能够展示自己的修养，为自己所属的地区树立良好的社会形象。礼仪也是国际交往中的一种重要方式，通过遵循国际礼仪规则，人们能够更好地与外国人交流合作，增进国际友谊，提升国家在国际社会中的地位和影响力。

五、礼仪的原则

1. 尊重原则

尊重是礼仪的基本原则，所谓尊重原则，首先是在自尊、自爱的同时，尊重他人的人格、劳动和价值，以平等的身份同他人交往；其次是尊重他人的爱好和情感，不强求他人按自己的爱好和志趣来生活、行事。

拓展延伸

在南北朝时期的齐国，有一个叫陆晓慧的人，他才华横溢，博闻强识，为人恭谨亲切。他曾在好几个君王的手下当过长史，社会地位很高。前来拜见他的官员，无论官职大小，他都以礼相待，一点也不摆架子。如果客人离开，他会站起身亲自将对方送到门外。有一个幕僚看到这种情景，觉得难以理解，就对他说："陆长史官居高位，不管对谁，哪怕对老百姓也是彬彬有礼，这样实在有失身份，更是什么也得不到，长史何必这样麻烦呢？"陆晓慧听了不以为然地一笑，说道："欲先取之，必先予之。我想让所有的人都尊重我，那我就必须尊重所有的人。"

2. 平等原则

平等是人与人交往时建立情感的基础，即尊重交往对象，以礼相待，对任何交往对象都一视同仁，给予同等程度的礼遇。在人际交往中不能傲视一切、目中无人，更不能以貌取人，或以职业、地位、权势压人，而应该时时处处、平等谦虚地待人，唯有如此，才能结交更多的朋友。

3. 真诚原则

真诚是对人对事的一种实事求是的态度，是待人真心实意的友善表现。在交往过程中应该做到诚实守信、不虚情假意、不做作。

拓展延伸

> 三国时期，刘备听说诸葛亮很有才识，就带着礼物到隆中卧龙岗去请他出山辅佐自己，恰巧这天诸葛亮不在，刘备只能失望而回。不久，刘备又和关羽、张飞冒着大雪第二次去请，不料诸葛亮外出闲游了。过了一段时间，刘备准备再去请诸葛亮，关羽说诸葛亮也许是徒有虚名，未必有真才实学，不用去了。张飞主张自己一个人去请，如果请不来，就用绳子把他捆来。刘备没有同意关羽和张飞的说法，于是第三次去请诸葛亮。当他们到达诸葛亮家时，已经是中午，诸葛亮正在睡觉，刘备不敢惊动他，一直站着等到诸葛亮醒来。刘备求贤若渴，三次登门才请得诸葛亮出山，留下了"三顾茅庐"的佳话，也道出了"待人以诚"的重要性。

4. 适度原则

适度原则，是指在应用礼仪时把握好分寸，根据具体情况、具体情境使用相应的礼仪。

5. 从俗原则

从俗原则，是指社会交往各方都应尊重相互之间的风俗和习惯，了解并尊重各自的禁忌，如果不注意禁忌，有可能在交往中引起麻烦。国情、民族和文化背景不同，与人交往时必须坚持入乡随俗，与绝大多数人的习惯做法保持一致，切忌目中无人、自以为是。

拓展训练

1. 《论语》中"礼"的记载

孔子毕生致力于恢复周礼,他希望借助周礼重新建立井然有序的制度,也希望人人以礼调和社会。《论语》中讲"礼"75次,结合下面《论语》中的记载,分析孔子主张的礼是什么样的。

先进于礼乐,野人也;后进于礼乐,君子也。如用之,则吾从先进。——《论语·先进》

兴于诗,立于礼,成于乐。——《论语·泰伯》

非礼勿视,非礼勿听,非礼勿言,非礼勿动。——《论语·颜渊》

君子博学于文,约之以礼,亦可以弗畔矣夫。——《论语·雍也》

恭而无礼则劳,慎而无礼则葸,勇而无礼则乱,直而无礼则绞。——《论语·泰伯》

2. 案例分析

张良是汉朝的智谋家,据传年轻时,有一天,张良信步走在圯水桥上,看见一位穿着十分寒酸的老人挡道,张良出于尊老的想法,欣然让路。没想到老人故意将鞋丢落桥下,并以命令的口气要张良把他的鞋子捡回来。面对如此无理的要求,张良心想他年事已高,尊老忍让为上,便下桥捡回老人的鞋子,拂去灰尘,跪下给老人穿好,老人有所感动,约张良五天后一早原地见面。张良感到事有蹊跷,于是跪下答应而退。五天后,天大亮时张良赴约,见老人已先在桥头,老人指责张良:"小子,赴老人之约,为什么迟到?过五天后早点来!"五天后,张良三更鸡鸣便去,无奈又落在老人的后面,老人告诉他,"五天后再来"。又过了五天,张良不到半夜就赶去,等了一会儿老人才赶到,老人见张良已到,心里很高兴,感叹说:"孺子可教也",于是把《太公兵法》交给了张良,获此兵书,张良潜心研读,如虎添翼,不仅成了一位军事家,还是一位智谋家,他担任刘邦的首席谋士,为破秦灭楚,建立强盛的汉王朝立下了奇功。

思考:张良在与老人交往的过程中遵循了哪些礼仪原则?

礼仪提升记录表

评价项目	评价标准	分值	自评分	小组评分	综合得分
认识传统礼仪的地位	了解中华传统礼仪的起源与发展，形成民族礼仪的自信意识	30			
中国传统礼仪知识	用历史的眼光解读中华礼仪文化的特点	30			
初识礼仪的意义与作用	结合实例，理解礼仪在现代社会的作用	20			
	结合礼仪的基本原则，分析在工作与生活中如何践行礼仪	20			
总分		100			
努力方向			建议		

任务二　中华民族传统习俗礼仪

任务目标

◆ 了解中华民族传统习俗知识，提升个人礼仪文化素养；
◆ 理解中华民族传统节日、传承节日中所蕴含的民族礼仪文化。

任务领航

仪式表达着中国人对事物重要性、价值观的认同，节日的仪式感让节日的文化内涵和意义得到彰显和传承，让传统节日变得庄重而富有意义，为生活增添了趣味和价值。你知道中国有哪些重要的传统节日吗？你了解这些节日的传统仪式吗？

案例品读

除夕，家家户户杀鸡、剖鱼、宰羊，大街小巷披上了红色节日的盛装，树上挂满了红灯笼、中国结；屋门上、墙壁上、门楣上贴上了大大的福字、对联、窗花，祖国各地沉浸在一遍喜庆之中。

满桌的佳肴中，有两道菜最有寓意，一道是红烧鱼，预示着今后生活红红火火、年年有余；一道是肉圆，预示着一家人吉祥美好、富贵团圆。全家老少围坐大圆桌一起吃年夜饭，边吃边互相道贺祝福，响亮的酒杯互碰声，同祝孩子学业有成，大人事业发达，来年万事如意。大街小巷震耳欲聋的鞭炮声奏响喜迎新年的号角。

吃完团圆饭后，家人一起守年岁，坐在电视机前看《春节联欢晚会》，到处是烟花爆竹声；到处是喜气洋洋的欢笑声，烟花爆竹声彻夜不绝。

知识准备

传统节日的形成，是一个民族或国家的历史文化长期积淀凝聚的过程。中国传统节日，是中华民族悠久历史文化的重要组成部分，蕴含着极其丰富的文化内涵，具有极强的传承性。传统节日期间，全国上下、东西南北的人都会与时同庆、与时同乐、与时同享，其中饮食是中华民族传统节日仪式中的重要内容，人们常常通过特定饮食来传达欢乐、纪念先人、感谢神灵，除夕要吃团圆饭，端午要吃粽子，中秋要吃月饼，腊八要食腊八粥，大大小小的传统节日一般都有相关食品。

中华民族的传统节日，涵盖了原始信仰、祭祀文化、天文历法、易理术数等人文与自然文化内容，记录着中华民族先民丰富而多彩的社会生活文化内容，蕴含着丰厚的礼仪文化内涵。

一、中华民族传统节日

中华民族的传统节日主要有：春节（农历正月初一）；元宵节（农历正月十五）；中和节，俗称龙抬头（农历二月初二）；上巳节（农历三月初三）；寒食节（冬至后的 105 或 106 天）；清明节（公历 4 月 4 日或 5 日）；端午节（农历五月初五）；七夕节（农历七月初七）；中元节（农历七月十五）；中秋节（农历八月十五）；重阳节（农历九月初九）；下元节（农历十月十五）；冬至节（公历 12 月 21—23 日）；除夕（农历十二月廿九或三十）等。

二、部分传统节日习俗

1. 春节

春节即农历新年，俗称新春、新岁、岁旦等，口头上又称过年、过大年。春节历史悠久，由上古时代岁首祈岁祭祀演变而来。春节在传承发展中承载了丰厚的历史文化底蕴。早期观象授时时代，依据斗转星移定岁时，"斗柄回寅"为岁首，大地回春，终而复始，万象更新，新的轮回由此开启。在传统的农耕社会，立春岁首具有重要的意义，衍生了大量与之相关的岁首节俗文化，如图 1-2-1 所示为关于春节的诗篇。新春贺岁围绕祭祖祈年为中心，以除旧布新、迎禧接福、拜神祭祖、祈求丰年等活动形式展开，内容丰富多彩，热闹喜庆，年味浓郁，在传承发展中各民族形成了一些较为固定的习俗，如办年货、扫尘、贴年红、吃团年饭、守岁、封压岁钱、拜岁、拜年、舞龙舞狮、拜神祭祖、燃放烟花爆竹、祈福、庙会等习俗。

春节习俗

我国各地都有合家守岁之俗，这是中华民族共有的特色，如布依族在除夕，全家大小要围坐在火炉旁边，通宵达旦地守岁；黎族每逢春节到来，家家户户都要宰猪杀鸡，摆上丰盛的佳肴美酒，全家围坐在一起吃"年饭"，席间还要唱"贺年歌"。

图 1-2-1

2. 元宵节

元宵节又称元夕、上元节，为每年农历正月十五日，是中国的传统节日之一。正月是农历的元月，古人称"夜"为"宵"，正月十五是一年中第一个月圆之夜，所以称正月十五为"元宵节"。元宵节自古以来就以热烈喜庆的观灯习俗为主，如图 1-2-2 所示为关于元宵节的诗篇。

青玉案 元夕

[宋] 辛弃疾

东风夜放花千树，更吹落、星如雨。宝马雕车香满路。凤箫声动，玉壶光转，一夜鱼龙舞。

蛾儿雪柳黄金缕，笑语盈盈暗香去。众里寻他千百度。蓦然回首，那人却在，灯火阑珊处。

图 1-2-2

元宵节主要有赏花灯、吃汤圆、猜灯谜、放烟花等一系列传统民俗活动。此外，不少地方的元宵节还增加了耍龙灯、耍狮子、踩高跷、划旱船、扭秧歌、打太平鼓等民俗表演。

3. 清明节

清明节又称踏青节、行清节、三月节、祭祖节等，节期在仲春与暮春之交。源自上古时代的祖先信仰与春祭礼俗，兼具自然与人文两大内涵，既是自然节气点，也是传统节日。清明节是传统的重大春祭节日，扫墓祭祀、缅怀祖先，是中华民族数千年以来的优良传统，不仅有利于弘扬孝道亲情、唤醒家族共同记忆，还可促进家族成员乃至民族的凝聚力和认同感。如图 1-2-3 所示为关于清明节的诗篇。

清明节的由来

清明节在唐宋后融汇了寒食节与上巳节的习俗，杂糅了不同民俗为一体，具有极为丰富的文化内涵。全国各地因地域文化不同而又存在习俗内容上或细节上的差异，各地节日活动虽不尽相同，但扫墓祭祖、踏青郊游是共同的礼俗主题。清明节习俗归纳起来是两大节令传统：一是礼敬祖先，慎终追远；二是踏青郊游、亲近自然。

图 1-2-3

4. 端午节

端午节又称端阳节、重午节、龙舟节、正阳节、浴兰节、天医节、药草节、天中节等。端午节起源于古人对龙图腾的崇拜，源于对天象的崇拜。端午是"飞龙在天"的吉祥日子，是龙的节日，因此龙及龙舟文化始终贯穿在端午节的传承历史中。传说战国时期的楚国诗人屈原在五月初五跳汨罗江自尽，后人亦将端午节作为纪念屈原的节日。如图1-2-4所示为关于端午节的诗篇。

端午节习俗

图1-2-4

端午节的节俗以祈福纳祥、压邪攘灾等形式展开，内容丰富多彩，热闹喜庆。祈福纳祥类习俗有赛龙舟、祭龙、放纸龙等，压邪攘灾类习俗主要有挂艾草、浸龙舟水、洗草药水、拴五色彩线等，节庆食品主要有粽子、五黄等。

5. 重阳节

每年的农历九月初九日，是中国民间的传统节日。《易经》中把"九"定为阳数，"九九"两阳数相重，故曰"重阳"；因日与月皆逢九，故又称为"重九"。重阳节的源头，可追溯到上古时代，《吕氏春秋·季秋纪》记载，古人在九月农作物丰收之时举行祭天帝、祭祖，以谢天帝、祖先恩德的活动，这是重阳节作为秋季丰收祭祀活动而存在的原始形式。重阳节起始于上古，成形于春秋战国，普及于西汉，鼎盛于唐代以后。1989年，中国把每年的九月九日定为老人节，传统与现代巧妙地结合，成为尊老、敬老、爱老、助老的老年人节日。

古时民间在重阳节有登高祈福、秋游赏菊、佩插茱萸、拜神祭祖及饮宴求寿等习俗，而今添加了敬老等内涵，登高赏秋与感恩敬老是当今重阳节日活动的两大重要主题。如图1-2-5所示为关于重阳节的诗篇。

图1-2-5

6. 中秋节

中秋节又称月夕、秋节、中秋节、拜月节、团圆节等，是中国民间的传统节日。中秋节源自天象崇拜，由上古时代秋夕祭月演变而来，定型于唐朝初年，盛行于宋朝，至明清时成为我国仅次于春节的第二大传统节日。

中秋节以月之圆象征人之团圆，寄托思念故乡、思念亲人之情，如图 1-2-6 所示为关于中秋节的诗篇，祈盼丰收、幸福，成为丰富多彩、弥足珍贵的文化遗产。北宋时期，定阴历"八月十五"为中秋节，并出现"小饼如嚼月，中有酥和饴"的节令食品记载，明清两朝的赏月活动，盛行不衰。中秋节的习俗主要有：祭月、观潮、吃月饼、赏桂花、抛帕招亲等。

图 1-2-6

7. 小年

小年，并非专指一个日子，由于各地风俗不同，被称为"小年"的日子也不尽相同。小年期间主要的民俗活动有扫尘、祭灶等，清朝前期和中期直到乾隆时期，祭灶一直是腊月二十四。《清朝野史大观·清宫遗闻》中说，乾隆一朝，每年腊月二十四晚上，祀灶神于坤宁宫。清朝中后期开始，帝王家在腊月二十三举行祭天大典，为了"节省开支"，顺便把灶王爷也给拜了，因此北方地区民间百姓效仿此行，多在腊月二十三过小年。南方大部分地区，仍然保留着腊月二十四过小年的传统。如图 1-2-7 所示为关于小年的诗篇。

图 1-2-7

不同民族在传统节日期间，亲戚、朋友之间的互访，反映了中国人对家庭伦理、人际关系、礼尚往来的珍视。节日文化成为促进社会交往、调节人际关系、整合社会群体的催化剂，传统节日庆祝活动不仅有利于我国传统文化的弘扬与保护，还可以让节日文化成为民众的一种美好的精神寄托。

拓展训练

中华民族每一个传统节日都寄托了人们的美好愿望和情感，文人墨客写下诸多赞美节日的优美诗篇，传承我国民俗文化的同时为后人留下宝贵的精神财富。请各小组收集、整理与传统节日有关的诗词与文章句段，进行课堂展示与交流。

礼仪提升记录表

评价项目	评价标准	分值	自评分	小组评分	综合得分
传统节日	熟知中国传统节日与时间	20			
节日习俗与文化内涵	了解节日习俗与仪式	20			
	讲述节日相关的典故	20			
	诵读节日相关的文章与诗词	40			
	总分	100			
努力方向			建议		

任务三　古礼今用话传承

任务目标

◆理解中华传统礼仪文化的价值，形成传承优秀礼仪文化的意识；

◆正确认识中华优秀传统礼仪在当今社会交往、文化传承中的作用；

项目一 中华礼仪文化

◆ 自觉学习传统礼仪文化的精髓，提高个人修养，坚定文化自信。

任务领航

中国传统礼仪文化作为中华民族五千多年灿烂历史文化孕育的文明成果，是中华民族文明与进步的重要标志。你认为中国优秀传统礼仪文化对树立社会主义核心价值观有哪些影响？

案例品读

"孟母三迁""曾子杀猪"等经典故事，记载着中国古代家庭对子女礼仪道德品质教育的关注。中国传统家庭教育讲忠孝、崇礼信，高度重视家庭成员核心价值观的培育以及良好家风的建设与传承。当今社会，很多家庭将子女的智力教育放在首位，关注点聚焦到子女的考试、分数、名次上来，家庭教育重知识、轻德育，愈发趋于功利，传统的仁义礼智信、忠孝廉耻勇等品德教育在现代家庭教育中逐步淡化、搁置一旁。日常生活中，有些孩子成绩名列前茅，考上大学，却顶撞父母长辈，甚至动手打骂，对长辈缺乏最起码的尊重与孝顺。

知识准备

有学者指出："一个高度文明的社会，一定是以礼治和德治为主要规范的社会。中国传统礼仪文化能够运用道德教化的力量提升人的道德水平，使人与人之间相互尊重，团结友爱，从而敦厚民风、和谐社会。"

"礼者，人之所履也，失其履，必颠蹶陷溺"。自古以来，"礼"不仅是一个人立身处世必须遵照的基本原则，更是一个国家维持正常社会秩序最基本的准则。中国传统礼仪文化以《周礼》为范本，蕴含着"忠孝信义"的德育内容，要求人们在生活中做到孝悌忠信、礼义廉耻；包含着"明礼诚信"的道德原则，倡导人们知礼明仪，恪守诚信，做到言必信、信必行、行必果；强调"礼之用，和为贵"，追求"天人合一"，主张自然与人为的和谐与统一。

中国传统礼仪文化精髓是中华民族数千年来生生不息的重要精神支撑。现代社会，随着物质生活水平的不断提升，人们的思想境界、道德观念、精神生活也随之发生变化，人们越来越注重精神层面的价值追求，注重运用中国优秀传统礼仪文化来提高个人的道德礼仪修养，营造和谐的人际关系。继承与发展中华优秀传统礼仪，有利于我们加强社会主义精神文明建设，构建社会主义和谐社会。

礼乐文明的传统影响和现实意义

一、中国传统礼仪文化的价值

中国传统礼仪文化作为古代中国社会的核心文化，是中华民族的标志性特征，在中华民族数千年的历史文明乃至整个人类文明中，都占据着举足轻重的位置。

1. 传统礼仪文化的历史价值

自孔子"以礼治国"开始，从汉代到清朝末年，一直延续着以礼治天下的传统，丰富完备的礼仪文献资料，是研究中国古代历史文化与思想的依据。除了作为礼经的《周礼》《仪礼》《礼记》外，还有不少礼仪著作绵延至今，比如颜之推的《颜氏家训》、司马光的《书仪》、朱熹的《仪礼经传通解》等，这些礼仪著作不仅强调行礼的具体过程，更兼顾礼仪与道德的结合，对后世形成礼仪规范、进行礼仪教育影响极大。

中国传统礼仪文化作为人们在长期社会实践中约定俗成的行为规范，对于文明的发展和历史的进步具有重要的功能与作用，尤其是西周的礼乐制度，历经多个朝代更迭，但其确定的祭祀、婚嫁、丧葬等制度，一直延续到今天，影响着我们的日常生活。

中国传统礼仪文化中爱国爱家、诚实守信、和谐友善的礼仪精神，是我们国家的基本价值追求，是中华民族几千年始终屹立不倒的重要原因。新时代，社会主义核心价值观的培育和社会主义先进文化的建设，离不开对中国优秀传统礼仪文化的传承与弘扬。

2. 传统礼仪文化的道德价值

最初，礼仪的首要任务是维护国家统治与社会安定，后来，礼仪经过孔子、孟子、荀子等儒学思想家的完善与发展之后，被赋予道德价值，为个体实现人生价值提供精神滋养与力量，成为古代圣人君子塑造独立人格的基本途径。中国古人高度重视君子的身心修养，把"仁、义、礼、智、信"看作儒家的理想人格追求，要求君子做到德才兼备、内外兼修。内修，即修心，强调要提升个人内在的道德修养，中国传统礼仪文化中的许多思想观念、道德规范、生活准则本身就是道德修养的重要内容；外修，修的是一个人的外在表现，如行为举止、言语表情等，强调要通过礼仪的约束与调整使人的言行合乎礼仪，合乎道德。

中国传统礼仪文化具有道德教化的功能，对于一个人道德品质的养成具有极其重要的作用。中国传统礼仪文化蕴含着爱国爱家、明礼诚信、遵法守礼等丰富的思想道德建设资源，能够为社会主义精神文明建设提供源源不断的精神力量与动力。

二、中华民族传统礼仪文化的现实影响力

礼是仪的内涵，仪则是根据礼的规定与内容，将礼具体化与形象化之后，形成的一套系统而完整的程式。"礼者，内处于心；仪者，外显于形"。在现代，"礼"与"仪"合用，指人们在日常生产生活与社会交往中约定俗成且共同认可与遵守的各种风俗习惯、行为准则与仪礼规范，同时也是一个人内心涵养的外在体现。礼仪给予人们精神力量，促使人心向善，并教导人们学会修身养性，做到慎独自律、修己安人，成为道德高尚、文质彬彬的君子。

中国优秀传统礼仪作为一种被人们普遍认可与接受的文化价值取向，改变了人们的生产方式、生活方式与行为方式，更是对整个中华民族世界观、人生观、价值观的形成与发展产生了深远影响。中国传统礼仪文化产生于不同时代劳动人民的社会实践，在形成与发展过程中凝聚了中华儿女对于国家、社会、人生、民族、世界等一系列重大问题的态度和共识，是不同时代中国人民的价值目标与追求。

在中国优秀传统礼仪文化的影响下，勤劳智慧的中国人民养成了"达则兼济天下"的思维模式，具备了"先天下之忧而忧"的责任意识，以及"与人恭而有礼"的处世哲学，这一切为中华民族价值观的产生有着积极与深远的影响。

三、继承与发展中国优秀传统礼仪的意义

中国优秀传统礼仪是价值观形成与发展的文化根基，深刻影响着社会大众价值观的形成与发展。源远流长的中国古代礼仪是中国传统文化的重要组成部分，如孔子提倡的"温良恭俭让""不失口于人，不失足于人，不失色于人"等，至今对中华传统文化和民族生活产生着深刻影响。

中国传统的敬师礼、释奠礼，教育学生要树立尊师重教、不忘师恩的价值观念；孕育礼、生养礼、成人礼等古代传统人生礼俗，通过严肃认真的礼节仪式使年轻人对生命、对人生有了更深的认识，意识到自己对家庭、对国家与社会的责任与义务；阅兵、授勋、国庆联欢等各式各样的纪念庆典活动中，人们在仪式中感受历史传承下来的中国优秀传统礼仪文化，在弘扬中国传统礼仪文化的氛围中激发爱国热情与民族文化自豪感，增强国家与民族的认同感、归属感。

拓展延伸

汉服，即汉族的传统民族服饰，是中华民族文化的重要组成部分。在中国古代，汉服在不同的历史时期有不同的样式和特点。从汉代的曲裾、唐代的圆领袍、宋代的褙子、明代的补服，每一时期的汉服都彰显着不同时期的文化风貌和艺术风格。近年来，国家出台一系列政策推动中华优秀传统文化的传承和发展。汉服文化得到了国家政策的支持，开始推动汉服文化进校园、进社区、进企业等活动，为年轻人提供了解和学习汉服文化的机会和平台。同时，政府还支持汉服文化节、汉服展览等活动，促进汉服文化的传承和发展。国家政策的支持不仅为汉服文化的传承和发展提供了更好的环境和保障，也为年轻人的文化自信和认同感提供了强有力的支撑。

汉服的流行还与年轻人的审美观念和文化素养有关。在现代化和西化浪潮的冲击下，年轻人开始寻求一种新的审美体验，汉服文化的神秘和优雅吸引了他们的目光。同时，汉服文化还涉及一些传统文化的知识和礼仪，如汉字、诗词、音乐等，这些知识在年轻人中逐渐得到重视和传播，成为汉服文化的一部分。汉服流行的背后反映了年轻人的文化素养和审美追求的不断提高。

1. 培养家国情怀，树立正确的家国观念

中华民族重视亲情、心怀天下的家国情怀由来已久。在中国古代，仁爱孝悌、忠君爱国的高尚情怀都是通过一定的礼节与仪式来体现的。孔子以孝为德行根本、立身之本，认为君子修身主要是践行孝道，顺从并体贴双亲，故而能够家和人兴，而孝的最高阶段则是为国尽忠、为民服务。

在经济全球化时代，面对西方国家的"文化渗透"，学习本国优秀传统礼仪文化，参加多种形式的庄严神圣的节庆节俗礼仪活动与重大纪念日仪式活动，在活动中感受中华文化的力量，才能坚定中华民族文化自信并在礼仪实践中培养高尚的家国情怀，树立起正确的家国观念。如图1-3-1所示为"迎中秋 贺国庆"灯笼。

图1-3-1

2. 强化规矩意识，构建良好的社会秩序

礼仪作为一种行为规范，具有约束作用，最初是统治阶级为了巩固自身统治，制定和推行的典章制度，后来发展成为人类社会生活应当遵守的规则与秩序。社会生活中，大到国家政治体制，小到待人接物、吃饭穿衣等细小生活方面，都离不开行为规范与礼仪要求。日常生活的礼仪礼俗中，初次见面说"您好"，麻烦别人说"打扰"，表示感谢说"谢谢"，走在路上靠边行，客人来了先奉茶，交往"请"字放心间等，这些生活礼节与规矩彰显的是人与人之间交往的礼貌与尊重，约束着人们在社交场合与公共场合中的行为方式与表现，强化着人们的规矩意识，引导人们在日常生活中讲究规则、遵守纪律，养成文明礼貌的生活习惯与行为方式。

3. 升华审美情趣，塑造科学的审美观念

古往今来，中华民族致力于发现美、创造美的实践活动，造就了中国社会高度发达的物质文明和精神文明。中国传统礼仪文化具有塑造美、展现美、改造美的功能，中国古人不仅注意自己的仪容、仪表、言谈、举止，还十分注重内心的审美感受，讲究以心为美。孔子要求学生掌握"礼、乐、射、御、书、数"六种技艺，主张用传统的礼乐文化来陶冶美的性情，培养美的内在，主张在生活中做到与人为善。经过数千年的历史变迁与文化传承，中国传统礼仪文化早已成为人们日常生活中的行为准则与审美标准，引导人们发现人性美，追求生活中的真、善、美，摒弃假、丑、恶，塑造科学的审美观，提升人们的审美品位。

4. 提高人际交往能力，形成和谐人际关系

中国传统礼仪文化，贯穿于人类社会发展的全过程，存在于人类社会生活的方方面面，规范与改变着人类衣、食、住、行的生活日常，它渗透于人类社会交往的各个领域，是人际关系活动中应有的行为准则，是人与人之间和谐相处的重要法宝。人们在生活中会接触到各种各样的人生礼仪，如出生礼仪、成年礼仪、婚姻礼仪、丧葬礼仪等，每个人社会化的过程中又会接触到形形色色的社交礼仪，如待人接物礼仪、社交活动礼仪、求职就业礼仪等。中国优秀传统礼仪文化在人际交往活动中具有"内正其心，外正其容"的作用，有助于指导人们在社会交往中塑造良好的个人形象，建立和谐良好的社会关系。

5. 塑造道德品格，提高个人道德水平

"道德仁义，非礼不成。"礼仪作为一个人由内向外的个人修养，是衡量一个人道德高尚与否的重要尺度。中国古代社会，礼仪具有道德教育的功能，对理想人格的形成起着决定性的作用。中国传统礼仪作为一种文化，处处渗透着道德精神，它以敬人、律己、平等、仁爱、宽容、忠义、诚信等为基本准则，有利于强化人们的道德意识，塑造敬己尊人、修身自律的道德品格。

良好的礼仪修养作为一个人道德素质与文化涵养的外在表现，是人们成为现代文明人的必要条件。新时代，要学习中国传统礼仪文化、礼仪知识，以中国优秀传统礼仪文化涵养道德品行，在传承与弘扬中国传统礼仪文化的社会实践中不断提高思想道德修养与礼仪文化修养。

中国传统礼仪文化是一个复杂庞大的文化体系，包含着丰富的思想内容，能

够在中国历史上传承千年而不衰,是人类社会历史发展进程中留下的宝贵精神遗产,至今仍影响着广大中华儿女生产、生活的各个方面,对维护国家的安定团结以及人类文明的发展进步起着重要作用。

拓展训练

小组合作查阅资料,分析在实现中华民族伟大复兴的历程中,我们应该继承哪些中华传统礼仪,应该怎样在实践中传承中华民族优秀传统礼仪?

礼仪提升记录表

评价项目	评价标准	分值	自评分	小组评分	综合得分
传统礼仪文化的价值	明确历史价值	30			
	分析德育价值	20			
继承优秀传统礼仪文化的意义	说出中华民族传统礼仪文化的现实影响力	20			
	说出继承与发展中国优秀传统礼仪文化的意义	30			
总分		100			
努力方向			建议		

个人形象礼仪　项目二

项目导语

中国优秀传统文化倡导："不学礼，无以立。""人无礼则不生，事无礼则不成，国无礼则不守。"中华民族守礼之传统由来已久，在促进社会和谐方面发挥了不可替代的作用。文明有礼代表着一个人的精神气质和自身内涵，是一种思维也是一种行为，不仅需要全社会的共同关注和努力，更迫切需要全体公民的积极参与。

《礼记》有云："礼义之始，在于正容体、齐颜色、顺辞令。容体正，颜色齐，辞令顺，而后礼义备。"仪容、仪表、仪态是个人涵养的外在表现，在与人交际的过程中，形象和礼仪修养对个人以及组织形象的塑造起着重要的作用。

学习目标

（1）结合自身特点，根据发型、面部和手部修饰的礼仪要求，塑造良好的仪容形象；

（2）了解坐姿、站姿、走姿、蹲姿、手势和眼神、微笑等礼仪规范，通过恰当得体的仪态举止展示优雅的气质和风度；

（3）了解男士着装、女士着装和配饰的礼仪要求，结合个人的形象特点，能在不同的场合进行规范得体的着装；

（4）结合自身特点，践行仪容、仪态和服饰的礼仪规范，能在不同场合展现良好的个人形象。

任务一　仪容礼仪

任务目标

◆ 能正确分析自己的形象风格，选择适合自己的发型并进行修饰；
◆ 结合自身特点，能进行得体的面容和手部修饰；
◆ 能结合个人情况选择适合自己的妆容风格。

任务领航

你了解自己的特点和形象风格吗？请结合自己想从事的职业，谈谈在工作和社交场合应该具有怎样的仪容形象。

案例品读

一天清晨，副总张茜带着公司新来的员工王芳外出，考察一家准备加盟本公司的食品厂。远远看去，王芳身着一套雅致的淡蓝色西装套裙，很是得体。上车后，张茜发现她脚上穿着一双流行的板鞋，原本五官清秀的王芳今天看起来脸色憔悴，显得无精打采。张茜仔细一看，发现王芳可能因为起晚了，没顾上化工作淡妆，头发有些凌乱，在车内的灯光下显得有点疲态。当张茜接过王芳递过来的材料时，张茜突然发现王芳有两根手指上涂的指甲油都缺了一块，她不由得皱起了眉头。

知识准备

一、仪容

拜年礼仪

仪容，主要是指人的容貌，是由发型、面容以及人体所有未被服饰遮掩的肌肤构成的整体形象。

在人际交往中，每个人的仪容都会引起交往对象的特别关注。整洁美好的仪容，一方面体现了个人的良好素养，另一方面体现了对交往对象的尊重。

仪容礼仪方面需要注意以下事项。

1. 保持清洁

平时要注意细部的整洁，如眼部、鼻部、口部、胡须、指甲等，勤洗脸、勤洗头、勤洗澡。

（1）眼部。经常检查眼角，避免分泌物残留；如果佩戴眼镜，要经常擦拭和清洗，保持眼镜干净整洁。

（2）鼻部。保持鼻孔洁净，避免鼻毛过长。

（3）口部。包括牙齿的清洁和口腔的清新，勤刷牙漱口，保持口腔无异味。

（4）耳部。保持耳部清洁，特别是耳后和耳窝处。

（5）手部。保持手部干净卫生，不留长指甲，指甲的长度不超过手指指尖；指甲油宜选择透明色或者淡雅色。

2. 修饰避人

切忌在公众场合修饰个人仪容，比如化妆补妆、搔弄头发、清理鼻孔眼角、整理衣裤、修剪指甲等，这样既有失端庄稳重，又可能引起误解。

二、仪容的修饰

（一）发型修饰

头发是构成仪容的重要部分。良好的发型修饰能为一个人的形象塑色添彩，是提升人的气质与魅力、展现仪容美的重要因素。

男士的发型标准，首先要干净整洁，注意经常修饰、修理，头发不应过长。

前部的头发不要遮住眉毛,侧部的头发不要盖住耳朵,后部的头发不要长过西装衬衫衣领的上部。头发不要过厚,鬓角不要超过耳朵中部。此外,商务男士不宜留长发、不烫发、不染发。男士发型由于留发较短,发型的变化不及女士的多,但通过修剪、吹风、梳理等方式,也能梳理出多种多样、美观大方,具有男士魅力的发型。

女士的发型发式根据自己的职业特点、头型、脸形和气质,选择适合自己的发型。应该保持清洁整齐、美观大方,刘海长不遮眉,不佩戴过多装饰,体现干练、成熟,出席正式商务活动最好将长发挽束。

拓展延伸

女士发型可选择的范围比较广,但流行的发型不一定适合每一个人,选择发型要综合考虑以下要素。

1. 根据头型选择发型

(1)头型大的人,不宜烫发,最好剪成中长或者长直发,也可以剪出层次,刘海不宜梳得太高,最好遮盖住一部分前额。

(2)头型小的人,头发可做蓬松一些,长发最好烫成大花,但头发不宜留得过长。

(3)头型长的人,两边的头发应吹得蓬松,头顶部不要吹得过高,应使发型横向发展。

(4)头型尖的人,不宜剪平头,宜剪短发烫卷,顶部压平一点,两侧的头发向后吹成卷曲状,使头型呈椭圆形。

(5)头型圆的人,刘海可以吹得高一点,两侧的头发向后面吹,不要遮住面部。

2. 根据脸形选择发型

(1)圆形脸,适合在头的顶部增加厚度蓬松度,剪平刘海,留中长卷发。

(2)方形脸,适合提高头顶部轮廓,头发披散时适合中分,脸的两侧头发蓬松往内卷。

(3)菱形脸,适合头顶两侧蓬松,中分、斜分或者剪平刘海。

（4）三角形脸，又称"梨形脸"，适合增加头顶部分的宽度蓬松感，不适合短发，适合做微微卷度往内卷，弱化下巴轮廓的宽度。

（5）倒三角形脸，适合斜分、中分，靠近下巴两侧的位置适合做卷发往外翻。

（6）长方形脸，其刘海适合斜分，靠近下巴的位置适合蓬松微卷。

（7）鹅蛋脸，是标准脸形，适合的发型比较多。

（二）面部修饰

保持面部的清洁是基本的日常生活礼仪，出席比较重要的社交场合之前，不能食用蒜、葱、韭菜、腐乳等有强烈气息的食品。餐后应清洁口腔，如果有口气，可以使用漱口水或者口香糖等除去异味，保持口腔的整体清洁。要注意不在他人面前嚼口香糖，这是不礼貌的，特别是与人交谈时，更不应嚼口香糖。

1. 男士面部修饰

男士应养成每天修面剃须的良好习惯，在商务活动中吸烟饮酒后，更要注意保持口气的清新。

2. 女士面部修饰

社交礼仪中，女士化妆是基本的礼貌，恰如其分的化妆可以增加个人形象的分值，还能展示良好的精神风貌，体现出对自身职业的尊重。

日常工作妆的基本步骤如下：

（1）洁面。洁面是化妆前的第一步，选择适合自己的卸妆油和洁面乳清洁面孔，去除油渍、汗水、灰尘等污秽。

（2）润肤。用爽肤水轻按面部和颈部，然后涂护肤类化妆品，如乳液、护肤霜等。

（3）打底。根据自己皮肤的类型选用粉底霜，并按面部的不同区域，分别敷深浅不同的粉底霜，以增强脸部的立体效果。

（4）眉毛。修眉不要过多地改变自己原本的眉形，要顺着眉毛的自然形状描画。注意不同的脸形要配不同的眉形，如长形脸，描绘出一字眉较合适；圆形脸宜选择上扬眉形；宽形脸宜拉近眉头间距离等。

（5）刷眼影。选择眼影颜色时，要考虑到自己的肤色及服装色。一般深色眼影刷在最贴近上睫毛处，中间色刷在稍高处向眼尾处晕染，浅色刷在眉骨下。

（6）画眼线。画眼线是为了使眼睛显得更明亮有神。一定要把眼线画得紧贴睫毛，注意上下眼线应有差别，一般上眼线比下眼线画得长、粗、深。

（7）刷睫毛。用睫毛夹夹翘睫毛，均匀刷上睫毛底膏，用钢梳刷开每根睫毛，从睫毛根部以 Z 字形刷上睫毛膏。

（8）涂腮红。腮红要因人而异，长形脸宜横涂，宽形脸宜直涂。胭脂的颜色要根据肤色、着装、场合而定。皮肤较白的人可选用淡而明快的颜色，如浅桃红、浅玫瑰红；皮肤较深的人，腮红可深些。

（9）画嘴唇。嘴唇是面部较引人注意的部位。涂唇膏之前先用滋润度高的润唇膏将唇部彻底滋润，为上唇妆做好准备。在原来的唇线上搽粉底，然后用唇线笔画出理想的唇形，再用唇膏涂在唇线内。

日常工作妆完成后的预期效果应该是无明显的化妆痕迹，典雅大方。

小贴士

（1）忌在公共场合整理仪容。女士当着他人的面化妆或补妆都是不雅观的行为。

（2）不可随意使用他人的化妆品，即使是关系很亲密的朋友也不例外。

（3）使用清洁的化妆用品。所携带的化妆用品应该有条理地放在化妆包内，以便从容地取出使用。

（三）手部修饰

手是人的第二张脸，也是我们在社交场合中动作比较多的部位，所以手部的清洁和润滑很重要。

手部修饰特别提醒：

（1）勤洗双手，保持手部洁净是最基本的礼貌。

（2）手部要注意保护，避免出现红肿粗糙、长疮、生癣、皲裂的情况。

（3）定期清理修剪指甲。修指甲时，指甲沟附近的"暴皮"要同时剪去，指

日常工作妆

甲要保持清洁和有光泽，不要在指甲上涂颜色过于醒目的指甲油。特别注意不要在公共场合修剪指甲，这是不文明、不雅观的举止。

（4）手部忌另类的文刺图案，以免在正式的社交场合降低你在别人心目中的印象分值。

实训要点

仪容礼仪的操作要点见表2-1-1。

表2-1-1

操作项目	操作内容	操作要求
发型修饰	男士发型	干净整洁，长短合适；不留长发、不烫发、不染发；发型美观大方
	女士发型	清洁整齐，不佩戴过多装饰；刘海不遮眉；根据自己的头型和脸形，选择合适的发型
面部修饰	男士面部修饰	每天修面剃须；不蓄胡须、鼻毛不外现、干净整洁；保持口气清新
	女士面部修饰	干净整洁，口气清新；淡雅的日常工作妆；化妆避人
手部修饰	手部皮肤和指甲	皮肤洁净润滑；指甲长度不超过指尖；女士指甲油颜色应不醒目

拓展训练

（1）通过网络或其他途径搜集发型和化妆的知识与信息，组内交流，选择适合自己的发型和妆容。

（2）进行活动体验"谁的仪容美"，展开训练。

学生3～5人一组，走上街头，观察部分男士的发型和女士的妆容并记录下来。分组讨论观察结果，分析路人在仪容方面存在的问题，反思自己仪容方面应注意的问题。

项目二　个人形象礼仪

礼仪提升记录表

评价项目	评价标准	分值	自评分	小组评分	综合得分
面部	干净整洁，修饰得体	15			
	妆容自然	15			
头发	干净整洁，色泽符合场合要求	15			
	发型得体	15			
手部	整洁，滋润	15			
	指甲长短合适，指甲油颜色自然	15			
综合表现	符合规范要求，整体形象良好	10			
	总分	100			
努力方向		建议			

任务二　仪态礼仪

任务目标

◆做到坐姿、站姿、走姿、蹲姿端庄得体，符合礼仪规范；

◆结合礼仪规范的要求，熟练自然地运用各种手势；

◆能恰当地运用眼神和微笑礼仪；

◆遵守仪态礼仪的要求，能在不同场合得体展现优雅的气质和风度。

任务领航

有人举手投足间优雅得体，有人却粗俗轻浮，你认为在工作和社交场合的行为举止应注意哪些方面？

案例品读

一天上午,美达公司副总张茜接待了三位准备加盟公司创业的大学生。

三位年轻人进入办公室,张茜热情地请他们入座。其中两位年轻人坐到了办公室沙发上,一位架起二郎腿,而且两腿不停地抖动,另一位身子松懈地斜靠在沙发一角,第三位小伙子端坐在椅子上,面带微笑地注视着张茜。当他们递送计划书的时候,前两位年轻人单手拿着计划书放在张茜面前的办公桌上,第三位年轻人双手持计划书,轻轻放在张茜面前。

简单交谈以后,张茜起身非常客气地对坐在沙发上的两位年轻人说:"请两位先回去吧,我们电话再联系。"两位年轻人四目相对,不知何故。

知识准备

一、坐姿礼仪

正确而优雅的坐姿要求端庄优美,给人文雅、稳重、自然大方的美感。坐姿要求上体端直"坐如钟"。

入座和离座的礼仪

(一)标准的坐姿

(1)入座时要轻、稳、缓。走到座位前,背对椅子轻稳坐下。女士入座时,若是裙装,要用手将裙子后片向前稍拢一下,不要坐下后再拉拽衣裙。正式场合一般从椅子的左边入座,离座时也要从椅子左边离开,这是一种礼貌。如果椅子位置不合适,需要挪动椅子的位置,应当先移动椅子然后入座,坐在椅子上再移动位置,是有违社交礼仪的。

(2)神态从容自如,嘴唇微闭,下颌微收,面容平和自然。

(3)双肩平正放松,两臂自然弯曲放在腿上,以自然得体为宜,掌心向下。

(4)坐在椅子上后,要立腰、挺胸,上体自然挺直。

(5)女士端坐要双膝自然靠拢,双腿正放或侧放,双脚并拢或交叠或成小"V"字形。男士双腿分开一拳左右,如图2-2-1所示。

图 2-2-1

（6）坐在椅子上，一般应坐椅子的 2/3，宽座沙发则坐 1/2。落座后至少 10 分钟时间不要靠椅背，时间久了，可轻靠椅背。

（7）谈话时应根据交谈者方位，将上体双膝侧转向交谈者，上身仍保持挺直，不要出现自卑、恭维、讨好的姿态。讲究礼仪，要尊重别人但不能失去自尊。

（8）离座时要自然稳当，右脚向后收半步，而后站起。

标准坐姿的要求见表 2-2-1。

表 2-2-1

内容	身体部位	要求
标准坐姿	头部	端正稍抬，下颌内收，目视前方
	上身	背挺、腰直稍前倾，臀部坐椅子中后部
	下身	女士双膝靠拢，双脚并拢或交叠或成小"V"字形；男士两膝分开，距离以一拳为宜
	臂及手	肩部放松，两臂屈肘，女士双手轻握放于大腿上；男士双手自然弯曲放于双膝位置

（二）不同场合的坐姿

（1）在比较轻松、随意的场合，可以坐得比较舒展、自由些。

（3）谈话、谈判、会谈时，场合一般比较严肃，适合正襟危坐。要求上体正直，臀尖落座在椅子的中部，双手放在桌上，或将一只手放在椅子扶手上。脚可以并拢，也可以小腿前后相错或左右相掖。

（3）女士在社交场合，为了使坐姿更优美，可以采用略侧向的坐法，头和身子朝向对方，双膝并拢，两脚相并、相掖、一前一后都可以。

（4）聆听他人教导、指示时，由于对方是尊者、贵客，坐姿除了要端正外，还应坐在座椅的前半部或边缘，身体稍向对方前倾，以示积极、重视的态度。

坐姿禁忌

（1）不要坐满椅子。

（2）女士的膝盖忌分开，要并拢；男士的膝部可以略微分开，但忌两膝盖距离太大。

（3）切忌脚尖朝天。

（4）不可抖腿抖脚。

二、站姿礼仪

正确健美的站姿会给人以挺拔笔直、舒展俊美、庄重大方、精力充沛、信心十足、积极向上的印象。

（一）标准的站姿

男士要求"站如松"，刚毅洒脱；女士则应秀雅优美，亭亭玉立。

（1）精神饱满，面带微笑，双目平视，目光柔和有神，自然亲切，如图2-2-2所示。

（2）站立时，身体舒展直立，重心落在两腿中间，足弓稍偏前处，并尽量上提。

（3）脖子伸直，头向上顶，下颌略回收。

（4）挺胸收腹，臀部肌肉收紧。

（5）双肩后张下沉，两臂于裤缝两侧自然下垂，手指自然伸直。

（6）双腿直立，双膝及脚后跟并拢，两脚平行或脚尖打开30°，呈"V"字形。

图2-2-2

庄重肃穆的场合，如升降国旗等庄重严肃的场合，应保持标准站姿，面部表情严肃、庄重、自然。

标准站姿的要求见表2-2-2。

表2-2-2

内容	身体部位	要求
标准站姿	头部	抬起、平视前方
	下颌	微微内收
	颈部	挺直，与脊柱成一直线
	双肩	平、放松、自然下沉
	胸部	挺起
	腹部	收腹
	腰部	直立
	臂部	自然下垂
	手部	自然伸直
	腿部	两腿挺直，膝盖并拢
	脚部	脚后跟并拢，穿低跟鞋时，重心靠后；穿高跟鞋时，重心在脚前掌

（二）几种常见的站姿

1. 前搭手式站姿

男士：左手握虚拳，右手轻搭于左拳上，右手小指处于左手的指根处，双手在体前相叠，双臂自然下垂；双脚打开，宽度不超过双肩，后背挺直（双手可交换位置），如图2-2-3所示。

女士：右手四指并拢搭在左手上，双手拇指交叉放于手心，双手自然贴在腹部，两腿并拢，脚跟靠紧，脚掌分开呈"V"字形，或一只脚略向前，靠在另一只脚上成"丁"字步，如图2-2-3所示。

图2-2-3

2. 背手势站姿

男士两手背后相搭，贴在臀部，两脚分开，比肩宽略窄些，如图2-2-4所示。

图 2-2-4

在非正式场合，双脚的姿势为避免呆板，可做灵活变动，既可以选择并拢，也可以一前一后，自然成形，肌肉放松，仍然要保持身体的挺直，手的摆放可以灵活处理。

向人问候或做介绍时，不论握手或鞠躬，两脚并拢，重心应当在中间，膝盖要挺直。

站姿禁忌

（1）站立的时候，用手指绕衣角、摆弄发梢、兰花指等小动作往往会传递一些不利于个人形象的信息，显得小气、拘谨、做作，没有修养。

（2）双手抱胸会显得傲慢、不易亲近。

（3）听别人说话时双脚交叉站立，传递给别人的信息是你对所谈及的事情抱有排斥和审视的态度，或者你感到不安和紧张。

（4）站姿忌过于随便，以免让人误解你是个随便之人。懒散地倚门（或其他物体）、塌腰、伸脖、两腿开立距离过大、双臂交叉或双手叉腰等，都是破坏优雅形象的"杀手"。

三、走姿礼仪

走姿展示人的动态美，无论是在日常生活中还是在社交场合，走路往往是一种引人注目的身体语言，也最能表现一个人的风度和活力。

（一）标准走姿

（1）身体直立，收腹直腰，两眼平视前方。

（2）双臂放松，在身体两侧自然摆动，手臂与上身的夹角应是向前为30°左右，向后为15°左右，摆臂时注意不要向外甩。

（3）起步时，脚尖略开，脚跟先接触地面，依靠后腿将身体重心送到前脚掌，使身体前移。女士两脚内侧边缘应当落在一条直线上。男士两只脚要朝向正前方并形成平行线，行走时要避免出现"内八字"步或"外八字"步。

（4）步速平稳。标准步速每分钟在80～100步，步速的快慢还要根据具体情况来定。

（5）女士标准的步幅为自己一个脚的长度，男士的步幅为一个半脚的长度。步幅的大小还应根据身高、着装与场合的不同而有所调整。脚长越短，步幅越小。女士在穿裙装、旗袍或高跟鞋时，步幅应小一些；穿休闲长裤时，步幅可以大些，凸显靓丽与活泼。

标准走姿的要求见表2-2-3。

表2-2-3

内容	要求
标准走姿	（1）头部：双目平视，收颔，表情自然
	（2）肩部：双肩平稳，以肩关节为轴，双臂前后自然摆动
	（3）躯干：上身挺直，立腰收腹，身体重心稍前倾
	（4）步位：女士走一条直线，男士走平行线，避免"内八字"步或"外八字"步
	（5）步速：平稳，标准步速每分钟在80～100步
	（6）步幅：适中，女士标准的步幅为自己的一个脚的长度，男士的步幅为一个半脚的长度

小贴士

日常行走时要注意避免以下情形，以免给别人留下随便、素质不高的印象：

（1）行走时弯腰驼背，歪肩晃膀，扭腰摆臀。

（2）行走时脚蹭地面、双手插在裤兜、吸烟、吃东西、吹口哨等。

（3）与多人一起走路时，或勾肩搭背，或奔跑蹦跳，或大声喊叫等。

(二) 不同场合的走姿

（1）陪同引导对方时，如双方并排行走，陪同引导人员应居于左侧。如果双方单行行走时，要居于左前方一米左右的位置。当被陪同人员不熟悉行进方向时，应该走在前面、走在外侧；陪同人员行走的速度要考虑到和对方相协调，不可以走得太快或太慢，要以陪同对象为中心。经过拐角、楼梯或道路坎坷、照明欠佳的地方时，要提醒对方留意。请对方开始行走时，要面向对方，稍微欠身；在行进中和对方交谈或答复提问时，把头部、上身转向对方。

（2）走进会场、走向话筒、迎向宾客时，步伐要稳健、大方；进入办公机关、拜访别人时，在室内脚步应轻而稳；办事联络时，步伐要快捷、稳重，以体现效率、干练；参观展览、探望病人时，脚步应轻而柔，不要出声响；参加喜庆活动时，步态应轻盈、欢快、有跳跃感；参加吊丧活动时，步态要缓慢、沉重，以反映悲哀的情绪。

四、蹲姿礼仪

(一) 标准蹲姿

（1）下蹲拾物时，应自然、得体、大方，不遮遮掩掩地。
（2）下蹲时，两腿合力支撑身体，避免滑倒。
（3）下蹲时，应使头、胸、膝关节在一个角度上，保持蹲姿优美。
（4）女士无论采用哪种蹲姿，都要将腿靠紧，臀部向下。

(二) 蹲姿实例

1. 交叉式蹲姿

女士采用交叉式蹲姿时，右腿在上，左腿在下，右脚在前，全脚着地，左脚在后，左脚跟抬起，左脚掌着地（双腿可交换位置）。两腿靠紧，合力支撑身体。臀部向下，上身稍前倾。交叉式蹲姿如图 2-2-5 所示。

2. 高低式蹲姿

女士下蹲时，右脚在前，左脚稍后，两腿靠紧向下蹲。右脚

图 2-2-5

全脚着地，小腿基本垂直于地面，左脚脚跟提起，前脚掌着地。右膝高于左膝，左膝内侧靠于右小腿内侧，臀部向下，基本上以左腿支撑身体，女士双腿应尽量靠紧（双腿可交换位置）。女士高低式蹲姿如图2-2-6所示。

男士下蹲时双腿应稍微分开（双腿可交换位置），男士蹲姿如图2-2-7所示。

蹲姿礼仪

图 2-2-6　　　　图 2-2-7

不管何种蹲姿，都要迅速、美观、大方。若用右手捡东西，可以先走到东西的左边，右脚向后退半步后再蹲下来。脊背保持挺直，臀部一定要蹲下来，避免弯腰翘臀的姿势。男士两腿间可留有适当的缝隙，女士则要两腿并紧，穿旗袍或短裙时需更加留意，以免尴尬。

 小贴士

（1）不要突然下蹲，这会让周围的人以为发生了意外，引起紧张。
（2）下蹲时不要距离他人太近，容易发生碰撞。
（3）不要正面朝向他人下蹲，要侧向他人，以免引起尴尬。
（4）女士下蹲时双腿不要分开，臀部避免撅起，同时注意内衣"不可以露，不可以透"。

五、手势礼仪

从古至今手势都是一种重要的肢体语言，可以帮助我们更好地表达讲话的含义，向听者传达信息。恰当的手势还可以提升个人形象，增添个性魅力。

掌心向上可以表现出你对他人的尊重以及诚恳的合作欲望；反之，则表示你只是草率应付，缺乏真诚。紧握拳头则表示你在隐忍、愤怒或是有进攻与自卫的意向。

鼓掌表示欣赏与赞扬。与他人相处时，如果你向对方伸出拇指，是表示夸奖；倘若伸出小指，则是一种贬低；伸出中指，则有侮辱的意思。值得注意的是，优雅的女人切莫伸中指，否则会让你的魅力大打折扣。

用手指指点是降低自身魅力的动作，它含有教训人的意思。优雅的男士女士即使在给别人指路时，也要注意这一点。

（一）规范的手势语

手势的基本规范是：一只手臂由体侧或体前抬起，另一只手臂垂放于体侧；四指并拢、伸直，拇指略内收，抬起手臂的掌心至四指（掌心与四指向上微收）与地面的角度约为45°；手掌和小臂在一条直线上；肘部距离上体三拳并形成弧线。规范的手势如图2-2-8所示。

根据指示的方位，手势有高位、中位、低位手势的规范，如图2-2-9所示。

图 2-2-8

低位手势　中位手势　高位手势

图 2-2-9

（二）手势实例

1. 递接物品手势

双手为宜，不方便双手并用时，也要采用右手，左手递接通常视为无礼；将有文字的物品递交他人时，应使文字的正面正对对方；将带尖、带刃或其他易于伤人的物品递于他人时，切勿以尖、刃直指对方。

2. 引领手势

引领宾客时，应走在客人左前方 1～2 步，手指自然并拢，在同一平面上，指示前方，眼睛兼顾方向和来宾。请客人进入房间时，也用此手势，微笑友好地目视来宾，直到客人走过，再放下手臂。

3. 请坐手势

用一只手摆动到腰位线上，使手和手臂向下形成一条斜线，表示请入座。

4. 介绍手势

介绍某人或某物时，手指自然并拢，掌心向上，指示目标，切忌用手指来指点。

5. 再见手势

与宾客再见时，应用右手，手指自然并拢，掌心面对客人，手指与耳部平齐，左右摆动。

6. 鼓掌手势

标准动作是面带微笑，抬起两臂，抬起左手手掌至胸前，掌心向上，以右手除拇指外的其他四指轻拍左手中部，节奏要平稳，频率要一致，如图 2-2-10 所示。

图 2-2-10

（三）中外手势的差异

在用手势表示数字的时候，中国人会伸出食指表示"1"，欧美人则伸出大拇指表示"1"；中国人伸出食指和中指表示"2"，欧美人伸出大拇指和食指表示"2"，并依次伸出中指、无名指和小拇指表示"3""4""5"。中国人用一只手的 5 个指头还可以表示 6～10 的数字，而欧美人表示 6～10 要用两只手，如展开一只手的五指，再加另一只手的拇指为"6"，以此类推。在中国，伸出食指指节前屈表示"9"，日本人却用这个手势表示"偷窃"。中国人表示"10"的手势是将右手握成拳头，在英美等国家则表示"祝好运"，或示意与某人的关系密切。

在美国，伸出一只手，将食指和大拇指搭成圆圈，这个手势表示"OK"，是"赞扬和允诺"之意；而在印度，表示"正确"；在泰国，表示"没问题"；在日本、缅甸、韩国，表示"金钱"；在法国，表示"微不足道"或"一钱不值"；斯里兰卡的佛教徒用右手做同样的姿势，放在颔下胸前，同时微微欠身颔首，以此表示希望对方"多多保重";在巴西、希腊和意大利的撒丁岛,这却是一种令人厌恶的污秽手势;在马耳他,则是一句无声而恶毒的骂人语。

中国人表示赞赏之意,常竖起大拇指,其余四指蜷曲;竖起小拇指则表示蔑视。日本人则用大拇指表示"老爷子",用小拇指表示"情人"。在英国,竖起大拇指是拦路要求搭车的意思。在英美等国家,以"V"字形手势表示"胜利""成功";在亚非国家,"V"字形手势一般表示两件事或两样东西。

我们在与不同的国家、地区、民族的人交往时,需要懂得他们的手势语言,这样才能避免闹笑话,造成误解。

六、眼神礼仪

"眼睛是心灵的窗口",视线的角度、注视范围、注视时间,都能表现出你的礼仪分值。

(一)注视的时间

一般来说,当与别人谈话达到30分钟时,如果看对方的时间不足10分钟,表达的是轻视对方;如果达到10～20分钟,表达了友好的意思;20～30分钟说明两种情况:一是表示重视,二是表示敌视。也就是说,与别人谈话时眼睛的注视时间要占谈话时间的2/3。

(二)注视的部位

当注视对方双眼底线和前额构成的三角区域,反映出严肃、诚恳的心态,在洽谈、磋商、谈判等正式场合用,对方会感到有诚意。

当注视对方双眼上线和唇中点构成的三角区域,一般反映出随和、亲切的心态,会营造出一种社交气氛,让人感到轻松自然。这种凝视主要用于茶话会、舞会及各种类型的友谊聚会。

当注视的对象是亲人之间、恋人之间、家庭成员时,凝视的位置在对方双眼到胸部之间。

(三)注视的角度

平视,表示平等;斜视,表示失礼;俯视,表示轻视别人。

正确的做法是：当与人交谈时，目光应正视对方的眼、鼻、口三角区，以示尊重；当对方沉默不语时，就不要盯着对方，以免加剧他不安的尴尬局面。在整个交流过程中，还要注意不要使用向上看的目光，因为这种目光会给人一种目中无人、骄傲自大的感觉；当然更不能有东张西望的目光，给人以缺乏修养、不懂得尊重别人的印象。

七、微笑礼仪

微笑是一种人际交往技巧，也是一种礼节。微笑是人们对美好事物表达愉快感情的心灵外露，表达的是善良、友好、赞美，是对他人的理解、关心和爱的表现，是谦恭、含蓄、自信的反映，也是礼貌修养的体现。

我们所提倡的微笑，是健康的性格、乐观的情绪、良好的修养、坚定的信念等的自然流露。是真诚的微笑，不是讨好的媚笑；是发自内心的微笑，不是暗含讥讽的嘲笑；是轻松自如的微笑，不是皮笑肉不笑的干笑。

中国传统微笑的特征是笑不露齿，仅仅是脸部肌肉的运动。而今的微笑，在于展现阳光、自信、真诚的态度，我们应做到嘴笑、眼笑、心笑。

（一）嘴笑

微笑时，嘴角微微上扬，形成自然弧度，可以露出几颗上齿。每个人在微笑时嘴角上扬的弧度及露出牙齿的颗数，可以根据自己的脸形大小而定，我们可以在镜子面前寻找自己最美的笑容，与人交往时呈现出来，如图 2-2-11 所示。

图 2-2-11

（二）眼笑

眼笑的要求是：凝视交往对象唇心与双眉之间的倒三角区，让眼光炯炯有神。目光的交流，要稳重大方，发自内心，真情流露。真诚的笑容来自眼神所流淌出的真实情感。

（三）心笑

心笑的要求是：神态真诚柔和，给人带来温暖；情绪轻松愉快，给人带来欢乐；精神饱满热情，给人带来放松感；面部肌肉自然拉动，给人带来亲切感。

在人际交往中，微笑的使用要恰到好处。与人见面时，距离约3米时要与对方有目光及微笑的交流，2米内要向对方问好，并保持面部始终是有笑意的。微笑要"诚于中而形于外"，不可故作笑颜，那样会让人看起来觉得很假、很虚伪。

微笑虽然能给交往双方带来美好的感受，但也需要恰合时宜，如果不考虑场合及对象等因素，在不恰当的时候微笑，便会损害交往形象，破坏交往关系。例如：在交往对象失意、苦恼时不宜微笑；在庄重场合，如悼念死者或举行各种庄重的仪式时不宜微笑；在看望危重病人时不宜微笑；看到他人生理缺陷时不宜微笑；当他人出现差错很尴尬时不宜微笑；与他人交谈时，在不应该笑时露出笑容，会让对方觉得莫名其妙；还要根据谈话的内容，适时微笑。

实训要点

仪态礼仪的操作要点见表2-2-4。

表2-2-4

操作项目	操作内容	操作要求
仪态礼仪	坐姿	头正、身直；女士双膝双腿并拢；男士两膝间距离约一拳
	站姿	头正、颈直、肩平、挺胸、收腹、立腰、垂臂、双腿并拢
	走姿	收腹、直腰、提臀；肩、颈、头放松保持平直；步幅适中；速度均匀；身体协调
	蹲姿	侧向他人下蹲；女士下蹲时两腿并拢，做高低式或交叉式下蹲；男士下蹲时双腿应稍微分开
	手势	五指自然并拢，掌心与地面呈135°；手掌和小臂在一条直线上；肘部距离上体约三拳
	眼神	注视的时间、部位、角度要恰当
	微笑	嘴笑、眼笑、心笑

拓展训练

分小组创设以下场景：几位客户来公司拜访，接待人员热情迎接，引领参观，然后去会议室座谈。

要求：

（1）实训中综合展示各种仪态礼仪，注意站姿、坐姿、走姿、手势等与眼神、微笑的基本要求。

（2）将每组的情景模拟进行录像播放，小组互评。

礼仪提升记录表

评价项目	评价内容	分值	自评分	小组评分	综合得分
坐姿	身体各部位姿态正确（标准坐姿）	5			
	不同场合的坐姿	5			
站姿	身体各部位姿态正确（标准站姿）	5			
	几种常见的站姿	5			
走姿	身体各部位姿态正确（标准走姿）	5			
	不同场合的走姿	5			
蹲姿	身体各部位姿态正确（标准蹲姿）	5			
	两种蹲姿	5			
手势	递接物品手势	5			
	引领手势	5			
	请坐手势	5			
	介绍手势	5			
	再见手势	5			
	鼓掌手势	5			
眼神	眼神的运用符合交际要求	10			
微笑	根据场合要求恰当展示笑容	5			
	自然大方	5			
综合表现	礼仪综合运用恰当，大方得体	10			
	总分	100			
努力方向		建议			

任务三　服饰礼仪

任务目标

◆ 熟悉着装的原则和选择标准；
◆ 能够根据职业特点和场合的要求，恰当地选择服装和配饰；
◆ 立足个人的职业目标和自身特点，提高着装的审美能力，形成自己独特又符合场合要求的着装风格。

任务领航

结合自己的职业目标和自身形象风格，分析在工作场合和社交场合应如何规范着装。

案例品读

朱英是××公司的财税专家，专业能力强，在公司里的工作业绩一直很出色。当公司推荐她到客户的公司提供专业方面的帮助时，对方主管却不太注重她的建议，后来发现竟然是因为其装扮不太符合大家对财税工作人员的传统印象，客户认为她不够成熟稳重，对其专业能力产生了怀疑，不敢采纳她的建议。朱英30岁，身高160厘米，体重43千克，看起来机敏可爱，喜爱着粉色少女装。朱英应该如何着装才能避免上述情况的发生呢？

知识准备

一、男士着装礼仪

（一）着装的原则

在交际活动中，穿出整体性、个性、具有和谐感是男士着装的基本原则。合乎场合的穿着，是服饰礼仪的重要体现。

1. 整体性原则

着装应当基于统筹考虑和精心搭配。着装的整体性，首先是要恪守服装本身约定俗成的搭配。例如，穿西装时应配皮鞋，而不能穿布鞋、拖鞋、运动鞋等。其次，要使服装各个部分相互适应，局部服从整体，力求展现着装的整体之美、全局之美。

2. 个性原则

根据不同年龄、身份、地位、职业与社会生活环境，来确定服装款式、面料、色彩与装饰物，只有个性化的服装，才能与个性和谐一致，在交际活动中充分展示个人的礼仪风范。着装同时也是民族和文化的个性反映。

3. 和谐性原则

在国际交流中，着装的和谐性是最高原则，着装要与生活环境和谐。在特定的礼节性场合，如正规的会议、礼宾活动、谈判、典礼等，应穿礼服或深色西装。在正式场合穿西装时必须打领带，但外出旅游，则不打领带更自然。此外，着装还要与形体和谐，与配饰和谐。

（二）服饰选择的标准

在交际场合，男士的着装大致可分为便服与礼服。各式外衣、夹克、衬衣、T恤衫与各式西装等均为便服。便服的穿着场合很广，如办公室、赴宴及出席会议等。出席正式、隆重、严肃的会议或有特别意义的典礼，则应穿礼服或深色西装。

参加涉外活动时，男士可穿毛料中山装、西装或民族服装；参观浏览时，可穿便服，穿西装可不系领带。

(三)穿西装的基本要求

西装是一种国际性服装。一套合体的西装,可以使穿着者显得潇洒、精神、风度翩翩。

1. 西装

西装按件数划分有单件和套装。套装又分为两件套(一衣、一裤,如图2-3-1所示)和三件套(一衣、一裤和一件背心,如图2-3-2所示)。一般而言,三件套西装比两件套西装更为正规。

图 2-3-1

图 2-3-2

西装按上衣纽扣分,可分为单排扣和双排扣。单排扣西装比较传统,最常见的有一粒扣、两粒扣和三粒扣三种。一粒扣单排扣西装和三粒扣单排扣西装穿起来比较时尚,而两粒扣单排扣西装显得更为正统。双排扣西装比较时尚,适合西方人着装,而中国人宜选单排扣西装。

穿着西装时要注意:拆除商标、熨烫平整、系好纽扣、不卷不挽、慎穿毛衣、不与T恤衫配套、口袋和裤兜不装物品。西裤要与上装协调;裤子不得有褶,要有裤线,裤长以裤脚接触脚背最为合适;裤扣要扣好,拉链要拉严。

> **小贴士**
>
> 西装的纽扣系法有讲究:双排扣西装比较庄重,一般要把扣子系好,不宜敞开。单排扣西装:一粒扣的,系上端庄,敞开潇洒;两粒扣的,只系上面一粒扣显得正式,只系下面一粒扣显得俗气,两粒都扣上显得土气,都不系敞开显得潇洒;三粒扣的,系上面两粒或只系中间一粒都符合规范要求。

2. 衬衫

长袖，白色、无图案为佳，所有衣扣要系好，衬衣领高出西装领口 1～2 厘米，衬衣袖长应比西装衣袖长 1 厘米左右，衬衣下摆要均匀地掖进裤腰里。穿西装不系领带的时候，衬衫的第一粒纽扣不要扣上。

男士衬衫怎么选

3. 领带

西装与领带两者的色调可以对比，也可以互补，但在颜色深浅上要有变化；西装和领带的花纹不能重复。

4. 鞋

男士宜穿黑色或深咖啡色皮鞋。黑色的皮鞋可以跟黑色、灰色、藏青色西装相搭配，咖啡色的皮鞋与咖啡色西装相配。白色和灰色的皮鞋，只适宜游乐时穿，不适合正式场合。

5. 袜子

宜选择黑色、棕色或藏青色等，颜色要与长裤相配或相近，袜筒要长，跷腿时不能露出小腿。

6. 饰物

黑色皮带一般可以配任何服装；一般不要戴电子表或潜水表、卡通表去参加宴会；在公务活动中要随身携带一个公文包。

二、女士着装礼仪

女士的服装比男士更具个性特色，合体、合意的服饰将增添女士的自信。职业女性在正式场合的着装以裙装为佳，其中套裙是首选。著名设计师韦斯特任德说："职业套装更能显露女士高雅气质和独特魅力"。

正式场合穿着的套裙，如图 2-3-3 所示，上衣和裙子一般采用同一质地、同一色彩的素色面料，上衣注重平整、挺括、贴身。

套裙可以不带任何图案，也不要添加过多的点缀，否则会显得杂乱而小气。如果喜欢图案，或者喜欢使用

图 2-3-3

饰物和花边进行点缀，可以选择少而且制作精美、简单的点缀，要讲究简洁雅致。比如一些以圆点、条纹图案为主的套裙，也可以穿着，但不能用花卉、宠物、人物等符号为主体图案。

套裙的色彩方面，以冷色调为主，应当清新、雅致而凝重，以体现着装者的典雅、端庄和稳重。藏青、炭黑、茶褐、土黄、紫红等稍冷一些的色彩都可以，最好不选鲜亮抢眼的。有时两件套套裙的上衣和裙子可以是一色，也可以是上浅下深或上深下浅等两种不同的色彩，这样形成鲜明的对比，可以强化它留给别人的印象。

（一）裙子的选择

裙子要以窄裙为主，裙子里应有衬裙。年轻女士的裙子可选择下摆在膝盖以上3～6厘米的，但不可太短；中老年女士的裙子则应选择下摆在膝盖以下3厘米左右。真皮或仿皮的西装套裙不宜在正式场合穿着。

（二）衬衫的选择

女士正装衬衫以选择单色为最佳。色彩要求雅致而端庄，且不失女士的妩媚；衬衫色彩与套裙的色彩协调，内深外浅或外浅内深，形成深浅对比。穿衬衫时要注意，衬衫下摆要掖入裙腰里，不要在腰间打结；纽扣要一一系好；穿西装套裙时不要脱下上衣直接外穿衬衫。

（三）鞋袜的选择

鞋以高跟、半高跟黑色牛皮鞋为宜，也可选择与套裙色彩一致的皮鞋；穿裙子应当配长筒袜或连裤袜，忌光脚，颜色以肉色、黑色最为常用，尤其要注意袜口不能露在裙摆外边。鞋袜要大小相宜、完好无损，鞋袜不可当众脱穿。

（四）饰物的选择

1. 提包

女士提包不一定是皮包，但必须质地好、款式庄重，并与服装相配。

2. 围巾

正式场合使用的围巾要庄重、大方，颜色要兼顾个人爱好、整体风格和流行时尚，最好无图案，亦可选择典雅、庄重的图案。

3. 首饰

泛指耳环、项链、戒指、手镯、手链、胸针等。佩戴时以少为佳、同质同色、风格统一。首饰主要用来点缀，提升服装的搭配效果。有碍于工作的首饰，炫耀财力的首饰，怪异突兀的个性类首饰不戴为宜。

女士职业场合穿着禁忌

（1）忌穿着黑色皮裙。

（2）忌裙、鞋、袜不搭配。

（3）忌光脚。

（4）忌三截腿（即穿半截裙时，穿半截袜，中间还露出一截腿）。

（5）忌露、透、短。

三、配饰礼仪

（一）依据场合佩戴

上班、运动或旅游，可不戴或少戴首饰。公务场合切忌佩戴大耳环、脚链等。

晚宴、舞会或喜庆场所应适当佩戴首饰，但应注意不要靠佩戴首饰去标新立异。

吊唁、丧礼场合只适合戴戒指、珍珠项链和素色饰品。

（二）依据季节选择

金色、深色饰品适合冷季佩戴；银色、艳色饰品适合暖季佩戴。

（三）注意性别差异

男士与女士不同的是，场合越正规，佩饰就应当越少，尤其应避免在腰间佩戴过多物品，如手机、钥匙、玉佩等。

（四）符合身份和职业

佩戴的首饰要符合自己的身份和职业，与自己的性别、年龄、职业和工作环境保持一致，比如在严肃的机关单位工作，最好不要选择特别浮夸或者颜色特别鲜艳的首饰来佩戴；在出席隆重的场合时不要佩戴廉价的首饰，以表示对别人和场合的尊重。

（五）与服装相协调

佩戴首饰应尽量与服装协调。例如，穿着考究的服装应配上华贵的首饰；穿着飘逸轻柔的服装，应配上精巧玲珑的首饰；穿着厚重挺括的服装，应配上浑圆大气的首饰。衣服领口大的可选择长项链；领口小的可选择短项链等。

（六）以少为佳，同色同质

首饰主要起画龙点睛的作用，不要把项链、耳环、手链、戒指、发饰等各种类型的饰品全戴身上。如果需要同时佩戴多种首饰，一般不应超过三件，而且应质地相同、色彩一致。

（七）扬长避短

选择饰品时，应充分考虑自身的形体特点，使饰品的佩戴能起到扬长避短的作用。比如佩戴项链需要根据脸形来选择，一般圆脸最好选择长款项链，避免选择短款并且样式复杂的项链。

（八）注意习俗

不同地区、不同民族，佩戴饰品的习惯做法也不同，佩戴首饰应考虑相关人员的民族与宗教信仰等情况，以免引起误会。

服饰礼仪的操作要点见表2-3-1。

表 2-3-1

操作项目	操作内容	操作要求
男士西装	上衣	干净、平整、过臀部，纽扣系法规范
	衬衣	下摆均匀置于裤腰里；衣袖长出外套1厘米左右；衣领高出外套1~2厘米
	领带	长及皮带扣，领带结要挺阔、端庄
	裤子	裤线笔直，裤脚下摆正好触及脚背；拉链、裤扣系好
	鞋	干净，系好鞋带
女士套裙	上衣	干净、平整，系好所有纽扣
	裙子	穿衬裙，裙子的下摆在膝盖以上3~6厘米为宜
	鞋袜	干净，高跟半高跟皮鞋，肉色连裤丝袜

拓展训练

分小组准备，组织开展服饰表演活动，展示男士西装、女士职业套装、个性服装、领带的系法，丝巾的系法，配饰的搭配等。

要求：小组展示着装时，应说明着装适合的场合；欣赏展演时对小组作品进行评析并提出建议。

礼仪提升记录表

评价项目	评价标准	分值	自评分	小组评分	综合得分
男士西装穿着礼仪	西装外套、西裤平整合体	10			
	衬衫合适	10			
	领带系法规范且与西装协调	10			
	鞋袜颜色符合要求	10			
女士套裙穿着礼仪	上衣与裙子选择适当，穿着规范	10			
	衬衫与内衣选择适当，穿着规范	10			
	衬裙选择适当，穿着规范	10			

续表

评价项目	评价标准	分值	自评分	小组评分	综合得分
女士套裙穿着礼仪	鞋袜与套裙相配，穿着规范	10			
仪容仪态	仪容与服装协调，仪态优雅	10			
综合表现	整体感觉大方优雅，自然得体	10			
	总分	100			
努力方向：			建议：		

家庭生活礼仪 项目三

项目导语

每个孩子从一出生开始,在家里度过的时间占了人生的三分之二,家庭教育伴随孩子一生。宋庆龄说过:"孩子们的性格和才能,归根结底是受到家庭、父母,特别是母亲的影响最深。"

2016年习近平在会见第一届全国文明家庭代表时讲道:"中华民族历来重视家庭。正所谓'天下之本在家'。尊老爱幼、妻贤夫安,母慈子孝、兄友弟恭,耕读传家、勤俭持家,知书达礼、遵纪守法,家和万事兴等中华民族传统家庭美德,铭记在中国人的心灵中,融入中国人的血脉中,是支撑中华民族生生不息、薪火相传的重要精神力量,是家庭文明建设的宝贵精神财富。"

家庭教育作为现代化教育体系的三大支柱之一,是对人影响最久、关注度最深远的教育。

学习目标

(1) 践行家庭日常礼仪和家庭饮食礼仪,养成与家人相处的文明礼仪习惯,传承中华优秀家风,践行家庭美德;

(2) 邻里交往注意礼仪规范,践行社会主义核心价值观,营造文明社区风尚;

(3) 了解婚礼、葬礼、祭扫、传统节日等家庭中的重要仪式礼仪,传承中华传统美好习俗与优秀传统文化,以礼传文,以文润心,立德树人。

项目三　家庭生活礼仪

任务一　家人相处礼仪

任务目标

◆理解遵守家庭礼仪有利于建设良好家庭氛围，和谐家人关系；
◆日常生活中践行家庭日常礼仪和饮食礼仪，参与建设幸福家庭；
◆礼仪修身，做举止文明的家庭成员，关爱家人，传承中华优秀家风。

任务领航

中国人世代传承的文化中，家庭和睦、幸福团圆的天伦之乐是每个中国人所期盼的。请结合实际情况想一想，每个家庭成员应怎样与家人和谐相处？

案例品读

国学经典《弟子规》中有一句话"父母呼应勿缓"，看起来很简单的事，现实生活中很多孩子已经做不到了。妈妈说："儿子你过来一下。"有的孩子这样回答："妈，你烦不烦？我在看电视。""我在玩游戏。""我在写作业。"现代家庭孩子少，生活条件优越，有爷爷奶奶、姥姥姥爷、爸爸妈妈等众多长辈的宠爱，娇生惯养，忘记了应有的礼节，看似小事，却是素质培养上的缺失。

父母要培养孩子优秀的品德，健康的心理素质，良好的行为习惯，尤其是在习惯形成的关键时期，良好的家庭环境，和睦、相互尊重、互相理解、互相支持的家庭氛围，可以为孩子一生的幸福奠基。如果家庭关系紧张，父母间长期争吵、隔阂、猜疑，来自这种家庭的孩子，成年后的幸福指数往往比较低且犯罪率比较高。

一、家庭礼仪教育的重要性

家庭礼仪指的是人们在长期的家庭生活中，用以沟通思想、交流信息、联络感情而逐渐形成的约定俗成的行为准则与规范。《增广贤文》中说过"父子和而家不败，兄弟和而家不分，乡党和而争讼息，夫妇和而家道兴。""和"字就是相互谦恭有礼的意思，这句话的意思是：父子和睦，家庭就不会衰败；兄弟和睦，就不会闹分家；邻居和睦，乡里争吵就会停息；夫妻和睦，家道就会兴旺。

古人已经认识到家庭礼仪教育的重要性，"所谓治国必先齐其家者，其家不可教，而能教人者，无之。故君子不出家，而成教于国。孝者，所以事君也；弟者，所以事长也；慈者，所以使众也。"（语出《大学》）用今天的话来说就是，治理国家必须先管理好自己的家庭和家族，不能管教好家人而能管教好别人的人，是没有的，所以有修养的人在家里就受到了治理国家方面的教育。对父母的孝顺可以用于侍奉君主；对兄长的恭敬可以用于侍奉官长；对子女的慈爱可以用于管理民众。

践行家庭礼仪，从小的家庭延伸到父亲母亲、岳父岳母家、兄弟姐妹家，影响范围不断扩大，进而可以在我们的全社会形成互敬互爱，礼让谦和的社会风气。简言之，家庭礼仪是维护家庭生存和实现家庭幸福的基础，它能调节家庭成员的相处，达成和谐关系，家庭礼仪也有助于我们社会的安定、国家的发展。

党的二十大报告指出："实施公民道德建设工程，弘扬传统美德，加强家庭家教家风建设，加强和改进未成年人思想道德建设，推动明大德、守公德、严私德，提高人民道德水准和文明素养"。习近平总书记指出："家庭的前途命运和民族的前途命运紧密相连。我们要认识到，千家万户都好，国家才能好，民族才能好。"家庭幸福是国盛民强、社会安定的基石。全面共同创建好家庭，是传承中华传统美德、践行社会主义核心价值观的重要途径，是促进社会和谐、民族进步、国家发展的重要保障。

项目三　家庭生活礼仪

二、家庭日常礼仪

古人曰："坐立有仪相，行走有姿态，言语有根据，居处有规矩。"日常生活中的一言一行，都反映了我们的外在形象、内在修养。居家时，举手投足都要谨慎，不可有傲慢之心；做事时，无论大事小事，都要有恭敬之心，不可怠慢，这样才符合礼仪。

（一）认真听取父母的意见和建议

中华民族极为重视孝的观念，"百善孝为先，常存仁孝心，凡天下不可为者，皆不忍为"（语出《围炉夜话》）。孝是中华文化传统提倡的行为，指儿女的行为不应该违背父母、家里的长辈以及先人的心意，孝居百行之首。家庭生活中，我们可以从以下方面做起，提高自身的礼仪修养。

生活中对父母的孝，首先表现为要经常和父母长辈交流思想、生活、学习情况，认真听取父母的建议和意见。有人认为父母的观念陈旧保守，跟不上时代了。实际上，相比个人独立地探索和历练，听取父母的建议，有时可以少走一些弯路。

父母在生活中经历了更多的事情，可能面临过类似的挑战和抉择，借鉴他们的经验，可以避免重复犯错，并从他们的智慧中受益。

父母希望帮助我们做出最好的选择，听取他们的意见，认真沟通和交流，而不是断然拒绝，是对他们关心的回应，也是对他们爱的回馈。

父母对我们负有保护责任，他们对我们的决策和行为往往有更全面的考虑，能够看到潜在的风险和危险，听从他们的意见可以帮助我们理性面对各种情况，避免可能的危险和错误。

听从父母的意见，不是要放弃独立思考和权衡利弊，我们可以与父母进行开放和诚实的对话，表达自己的观点和想法，同时也尊重和考虑他们的意见，与父母进行沟通，找到最佳的方案，达到事半功倍的效果。

（二）勤向父母问候，出入不忘打招呼

"可怜天下父母心"，无论我们长多大，在父母眼中，我们都是孩子。父母的关心无微不至，父母的牵挂和惦记更是时时刻刻。如果外出到朋友、亲戚家做

客，走时要告知父母相关情况，回家或到达目的地后要向父母报平安，不声不响地离开或到达，是违背礼仪的。无论是出门游玩，还是放学回家，都要告知父母一声，如果有特殊情况不能按时回家，一定要禀告父母，这是为人子女的基本礼仪。将自己行踪告诉父母，听从父母的劝告，这是儿女让父母安心的方法，也有利于父母对孩子的保护。

为人子女，要关心父母，日常小事中，尽儿女的孝敬之心，能够知恩报恩。如果在外地求学或工作，要时常联系父母，打电话或者发信息，报一下平安，问候一下他们的生活、工作状况以及身体状况。

面对父母的召唤应该放下手中的事情及时应答，如果装作听不见，继续做自己喜欢的事情，哪怕是在学习也是对父母的不尊重。如果以自己手中的事情为主，拒绝父母合理化的要求，不仅失礼，而且不利于家庭关系的和谐。

（三）勤俭节约，感恩礼敬父母长辈

懂得生活的艰辛，生活要朴实节俭。要理解父母的难处，不能一味讲吃讲穿，不能纠缠不休地向父母要零花钱；父母长辈给予自己帮助后，要善于表示感谢，感激之情既可以用行动来表达，也可以用语言来表达，后者往往是不可缺少的。

与父母相处时，保持和颜悦色，态度平和是爱父母的表现。与父母发生分歧时不要板着面孔，不给父母好脸色，甚至因一点小事就怨恨父母，和父母大吵大闹，既违背礼仪，有违孝道，也不利于父母身心健康。当父母有了过错，我们应该劝导他们，但要注意方法，如果父母不听规劝，要耐心地等待时机，有了好的时机之后再进行沟通交流。

长辈说话时，不要随意打断，要等长辈把话说完了再说，不要随意插话，不要顾左右而言他，如果确实有急事，要表达歉意并说明情况。长辈问自己事情时，要据实回答，不可胡言乱语、哄蒙欺骗。长辈有事情需要你去办理时，不要无故推诿、拒绝，或表现极不耐烦的样子。

（四）孝敬父母长辈，主动为他们服务

日常生活中，关心体贴父母，承担力所能及的家务劳动，主动帮助父母洗菜、烧饭、洗刷餐具，如图 3-1-1 所示，有能力的时候在物质上给予父母应有的

帮助；记住父母的生日，在节日或父母生日时，要送上一声亲切的问候和祝福，这些都是对父母的孝道，也是与父母相处中应有的礼仪。

图 3-1-1

父母生病时，要管理好自己的学业和工作，不让父母再挂心自己的事情，条件允许时可守在父母身边，及时查看、询问父母的需求，照顾父母的饮食起居，要把无关紧要的事情推掉，全身心地照顾父母，这才是为人子女应该做的事情，也是符合礼仪要求的行为。

小贴士

"冬则温，夏则凊"讲的是东汉黄香才九岁，就懂得照顾相依为命的父亲；周文王照顾自己的父亲则是"晨则省，昏则定"。"冬则温，夏则凊；晨则省，昏则定；出必告，反必面；居有常，业无变。"（语出《弟子规》）结合典故和字面意思，这段话是说：冬天寒冷时会为父亲温暖被窝，夏天睡觉前会帮父亲把床铺扇凉。早晨起床之后，应该先探望父母，并向父母请安问好；下午回家之后，要将今天在外的情况告诉父母，向父母报平安，让老人家放心。外出离家时，须告诉父母要到哪里去；回家后还要当面禀报父母，让父母安心。平时生活起居，要保持正常有规律；做事有常规，不要任意改变，以免父母忧虑。

三、家庭就餐礼仪

礼仪的培养，要从日常细微处做起。"夫礼之初，始诸饮食"（语出《礼记·礼运》），餐桌礼仪是人类文明的一部分，进餐的时候保持文明的礼仪既是对自己的尊重，也是对他人的尊重，可以促进家人之间的关系，增加亲友间的感情。在招待客人的时候，应该遵守必要的礼仪，表达我们的款待之情；在与家人一起就餐时，也应该遵守必要的礼仪。礼仪修身，要从点滴做起，习惯成自然，才能在各种场合以得体的举止赢得大家的认可。

（一）就座礼仪

与家人长辈一起进餐时，应该请长辈先入座。最尊贵的位置要留给长辈，通常是背对着主墙的位置，即对着门的位置，如果无法确定主墙，面门的位置也可以作为主位。在具体的实践中，如果是圆桌用餐，主人会陪在长辈的两边就坐，以示尊敬。在一般的家庭聚会中，长辈可能会坐在他们认为最舒适的位置，并对其他人的座次提出建议，晚辈应尊重他们的选择并尽量坐在靠近长辈的位置以示亲近和尊重。

（二）用餐礼仪

要等长辈先动筷子后，自己再开始用餐，上来新菜时，要请长辈先轮流动筷，以示尊重，主动为长辈倒茶斟酒。吃饭时不狼吞虎咽，不要咀嚼出声，喝汤也不要弄出声响；不用舌头舔食餐具；

中华传统礼仪：饮食礼

不要站起来去夹别人面前的菜，要夹离自己近的菜，不要翻搅菜肴专挑自己爱吃的；吐出的鱼刺等应放到指定的地方或纸巾上，不要直接吐在桌子上；咳嗽或打喷嚏时要转过身用手或纸巾捂嘴，以免失礼；不要嘴里含着食物说话，餐桌上交流时不要高谈阔论；牙缝中塞了食物时尽量不要当众剔牙，更不要用舌头吸舔，剔牙时要一只手放口前挡住，一只手剔牙；餐后避免响亮的打嗝；用餐时，不能把不喜欢吃的夹错了的菜、吃剩下的饭菜、咬过的鱼肉等再放回公盘、公碗里；要双手接长辈递来的东西；吃饭时注意坐相，不要跷二郎腿或抖腿；吃饭时和长辈聊天，要有问必答，不能一直低头玩手机。

居家就餐时，可主动帮忙准备碗筷和端菜，为长辈盛饭；坐在桌边等父母长辈给自己盛饭端饭是失礼的；餐后应主动帮忙清理饭桌、收拾碗筷，甚至主动承担刷锅洗碗等家务，这是子女应尽的孝心，也是作为家庭一员应尽的责任。到别人家做客时，自己用过的碗筷、餐具等，要主动帮助清理，这是对主人热情款待及辛苦劳动的肯定与答谢，也是最基本的做客礼仪。

不同文化背景下的用餐礼仪有着明显的区别，但基本的原则就是尊重民族的饮食文化，注意长幼次序，举止得体，吃相要雅，关心他人就餐情况，不做影响他人食欲的事。

（三）敬酒礼仪

重要节日里，亲人一起进餐，喝茶饮酒时也要注意一定的礼节，向长辈敬酒时要双手拿杯子，碰杯时杯子要低于长辈表示尊重，如图 3-1-2 所示，敬酒时要说一些祝福的话。敬酒时可以多人敬一人，但是不能一人敬多人；如果不能饮酒，可以将酒杯换水杯，以茶代酒、以饮料代酒。

图 3-1-2

教育心理学专家李玫瑾曾有一句话概括犯罪心理，就是没有敬畏之心。她认为修养是父母从小给孩子带来的，犯罪跟知识没有必然的联系，有人满腹知识却会犯罪，有人没有文化也能造福社会，重点在于家庭的教育。对于孩子的嚣张和跋扈、各种失仪行为，家长的无视与无原则的包容和溺爱，最终伤害的是孩子。

实训要点

家人相处礼仪的操作要点见表 3-1-1。

表 3-1-1

操作项目	操作要点
家庭日常礼仪	认真听取父母的意见和建议
	勤向父母问候，出入不忘打招呼
	勤俭节约，感恩礼敬父母长辈
	孝敬父母长辈，主动为他们服务

续表

操作项目	操作要点
家庭就餐礼仪	与家人长辈一起进餐时，应该让长辈先入座，餐前餐后主动帮忙
	尊重他人的饮食文化，注意长幼次序，举止得体，吃相要雅，关心他人就餐，不影响他人食欲
	注意敬酒的礼仪，双手拿杯，碰杯时高度低于长辈，同时要说祝福的话

拓展训练

（1）小组合作，精选古今家庭美德故事，制作"微视频"，进行课堂展示与分析。

（2）小组交流个人在家庭日常礼仪和就餐礼仪方面做得比较好或者不到位的地方，谈谈以后个人与父母家人相处时要做好哪些方面。

礼仪提升记录表

评价项目	评价标准	分值	学生自评	小组评价	综合得分
家庭日常礼仪	认真听取父母的意见和建议	10			
	勤向父母问候，出入不忘打招呼	10			
	勤俭节约，感恩礼敬父母长辈	10			
	孝敬父母长辈，主动为他们服务	10			
家庭就餐礼仪	让长辈先入座	5			
	餐前餐后主动帮忙	10			
	尊重他人的饮食文化	5			
	注意长幼次序	10			
	举止得体，吃相要雅	10			
	关心他人就餐，不影响他人食欲	10			
	注意敬酒礼仪，双手拿杯，碰杯时高度低于长辈	10			
总分		100			
努力方向		建议			

项目三　家庭生活礼仪

任务二　邻里交往礼仪

任务目标

◆了解家庭交往中常见的迎送、待客、拜访的有关礼仪，在日常交往中以得体的行为举止表达对他人的尊重，建设良好的邻里关系；

◆理解和睦的邻里关系对于每个人的家庭生活和社会安定团结的重要性，能够根据场合需要恰当运用相关礼仪；

◆继承邻里和睦的中华民族传统美德，发扬"与邻为善、与邻为伴"的邻里精神，践行社会主义核心价值观。

任务领航

你的家庭与亲朋好友以及邻里相处得怎么样？结合你所了解的情况，分析家庭间的往来应注意哪些礼节，更有助于形成友善互助的局面？

案例品读

"六尺巷"，长百米，宽两米。说起"六尺巷"的由来，还有一段脍炙人口的历史佳话。清代桐城人张英、张廷玉为父子宰相，从政于康熙、雍正、乾隆，三朝为官，"六尺巷"说的就是老宰相张英的故事。

清朝康熙年间，张英担任文华殿大学士兼礼部尚书。他老家桐城的宅邸与吴家为邻，两家院落之间有条巷子，作为两家过往通道。有一年，吴家要建新房，想越界占用这条路，张家人不同意。双方发生纠纷，将官司打到当地县衙。县官考虑到两家人都是名门望族，左右为难，迟迟不能判决。张英家人见有理难争，一气之下写了一封加急信送给张英，要求他出面解决。张英看了信后，并不赞成家人为争夺地界而惊动官府的做法，于是提笔在家书上写了四句话："千里来书只为墙，让他三尺又何妨？万里长城今犹在，不见当年秦始皇。"家人看过信，领会了其中含义，主动让出三尺空地。吴家见状，深受感动，也主动让出三尺房基地，"六尺巷"由此得名。张英的一封家书，化解了两家的邻里之争。

知识准备

客来敬茶礼

一、待客

（一）待客前的准备

得知客人要来访，应提前打扫室内卫生，并备好茶具、饮料等，也可根据自己的家庭条件，准备好水果、糖饼、咖啡等。不管来的客人是否熟悉，都不能穿睡衣待客，要着装得体，以示礼貌。

（二）待客的礼节

客人到达时，应热情相迎。来客是拜访家长的，应由家长前去接待，子女应跟随在家长身后向客人以尊称问候。朋友、同学来了，要以主人的身份接待。注意先将客人介绍给自己的家长，临别时要告诉家长，让客人也有机会向自己的家长道别。

当老师上门家访时，应该在第一时间做到热情招呼，恭敬地出门迎接。安排老师入座并敬茶，茶杯要用双手端送给老师。一般情况下，为了便于老师和家长交谈，学生应当礼貌性地回避。老师告辞时，学生一定要亲自将老师送出大门，并热情道别。

长辈客人落座以后，此时家长陪着谈话，作为晚辈应担负起招待的任务，如递上茶水、水果等。

招呼同辈客人时，切忌招呼家长前来待客。若家长以长辈的身份送糖果之类表示欢迎时，除客人向家长致谢外，自己也应该致谢。进入室内，一般应请客人坐在宽大、舒适的位置。

（三）待客的注意事项

（1）客人到来，无论是熟人还是首次来访的客人，不论客人身份是什么，都要热情相迎。对未约到访的客人，不能拒之门外或表现出不高兴，让客人进退两难。

（2）如家里已有客人，又有新的客人来访时，应将客人相互介绍，一同接待。若有事需与一方单独交谈时，应向另一方说明，以免客人感到有薄厚之分。谈话时要专心，不要三心二意或频频看表，更不要有扫地、掸土等举动。

（3）家里有客人来时，家庭气氛要和谐，家庭成员之间不要在此时发生争吵；当与客人交谈时，不要将电视机、收录机等声音开得过大、过响。

（4）有些客人会带着礼物拜访，对此应该认真感谢。出于某种原因，不便收下礼物时，要坦率说明原因，以免产生误解。

（5）客人告辞，主人应等来客先起身，自己再站起来，并主动为客人取下衣帽，其他家人最好也和客人说上几句热情的告别语。若是老年客人，则应送至楼下或庭院；若是同辈客人，可送至电梯口或楼道口；若是晚辈客人，可站在门口相送。

二、做客

拜访他人是人际交往中不可缺少的应酬，应掌握拜访时的礼仪规范，不能因不懂得待客之道，而影响朋友之间的友谊，妨碍主人的休息，损坏自己的名声。

（一）做客先约定

拜访他人要事先约定，一般来说，与被拜访的人约定具体日期，这有利于对方提早安排见面时间，不宜选择对方较忙或吃饭的时间，晚上不宜太晚，最好按对方的意思确定拜访的时间和地点。

（二）入座前的礼节

作为客人到达主人家后，敲门或按门铃时，不要长时间按着门铃不放，也不要一触即离；敲门要有节奏，不轻不重，不急不慢，一般只敲两三次；主人开门后，应随行到指定房间，进屋后，对房间里的人不管认识与否要一一打招呼，微笑、点头、问候，待主人招呼就座后再坐下。

（三）做客时的礼节

在主人家中见到长辈，要恭恭敬敬地起立问候。对于迟到的客人，要起立迎接；其他客人告辞时，也要起立相送。见到别的客人来到，不能马上就走。在交谈过程中，要注意技巧和礼仪，善于倾听提问，做出适当回应，谈话目的清楚明白。适时告辞，一般做客以半小时到一个小时为宜，告辞时应向对方家人表示谢意，尤其是向长辈打招呼。主人招待的饮料茶水最好喝完。

（四）做客的注意事项

（1）做客前要整理好自己的服饰，仪表应整洁大方。

（2）在主人家中举止要大方，讲话的态度要诚恳自然，不要随意谈及主人过往的不快、失误和短处。

（3）做客时见到主人显出疲态或还有其他客人时，应适时告辞。若主人请自己在家里用餐，饭后要停一会再走，不要给他人留下自己是为了吃饭而来的印象。

（4）辞行时态度要坚决，不要"走了"说过几次，人却迟迟不动，出门后应请主人就此留步，如果有意请主人回访，可在此时提出邀请。

（5）作为晚辈陪同父母去拜访长辈的朋友，对主人要格外注意礼貌，见面时宜行鞠躬礼，切不可冒失地向主人伸出手去握手；去别人家做客，进入主人客厅，要等父母入座后，再按照主人的吩咐入座。陪同父母做客，不要乱插话；主人问自己问题时应恭敬地回答；父母告辞之前，自己不能表示倦意，更不能催父母告辞。

三、赠送礼物

（一）赠送礼物应考虑具体情况和场合

赴私人家宴时，一般应为女主人带些小礼品，如鲜花、水果等，客人家有小孩的，可送玩具、糖果等。过节时，可根据节日的风俗送些时令的礼品，如端午节可送粽子，春节可送日历、年货，中秋节可送月饼等。

（二）赠送礼物，间隔时间要适宜

送礼的时间间隔也有讲究，过于频繁或时间过长都不合适。一般来说，选择重要的节日、喜庆、寿诞送礼为宜。

（三）了解风俗禁忌

送礼前应了解对方的身份、爱好、民族习惯，例如：恋人忌送鞋子，其意表示会跑掉的意思；亲人忌送梨，梨与离谐音，表示分离的意思；不要送钟，钟和终谐音，让人觉得不吉利；中国人一般不喜欢阿拉伯数字四、黑色和白色。

（四）礼物要有意义

选择赠送的礼品要有意义，要用心挑选礼物。送出礼物时要注意态度、动作和语言表达，和平友善、落落大方的动作并伴有礼节性的语言表达，才会使受礼方乐于接受，送礼者自己不要过分谦虚也不要过分炫耀。

四、探望病人

探望病人最好的做法，通常是直接到病人病房，把安慰和礼品带给病人，如图 3-2-1 所示。人们可以挑选一些水果、营养品和鲜花送给病人，如果不方便前去探望，也可托朋友送上礼品和一段真心关怀的语言，祝愿病人早日康复。

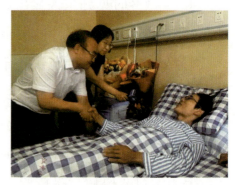

图 3-2-1

到医院探望病人时，要遵守医院的规章制度，注意医院规定的探病时间。进病房时要注意安静，尽量降低脚步声，不要大声谈笑。进入病房后，如果看到病房周围有瓶子、管子等医疗器械时，切莫大惊小怪；看到痰盂便桶、血迹脓水等，也不要躲躲闪闪，面露厌恶的表情；看到病人消瘦憔悴的病态时，更不要愁眉苦脸和害怕。

如果病人患的是传染病或其他不宜直接探望的疾病，则可以改用电话、短信和信函的方式表达问候。

五、邻里相处

邻里关系是家庭交往关系中的一部分，俗话说"千金买宅，万金买邻，邻里好赛金宝"。孟子曾说过："乡里同井，出入相友，守望相助，疾病相扶持，则百姓亲睦。"邻里相处和谐，增加彼此的友谊，有益于家庭生活，也有利于社会的团结安定。邻里要友好相处，可从注意日常点滴小事的礼节做起。

（一）见面打招呼，礼让长者

邻里相遇时主动打招呼问好，行点头礼或招手礼；告别之时说再见，接受帮忙说感谢，做错了事情说对不起，接受道歉说没关系，需要帮忙先说请字，日常交流注意礼貌用语。在楼道或电梯口等地方遇见长辈，主动问候让路，请长者先行。

（二）行为文明不扰邻，互帮互助增感情

日常进出社区、楼梯或在小区玩耍时，注意保持安静，不要大声喧哗。在家中看电视或使用其他音响设备时，注意控制音量，避免干扰邻里。

邻里间互相关照，邻居若需帮助，应尽己所能；邻居若是老人，可主动帮他们做一些力所能及的事情。

（三）爱护公共设施，社区环境同维护

爱护小区中的公共设施，不乱写乱画乱张贴。不独占娱乐、健身等公共设施太久，懂得谦让。自觉维护社区的公共环境，不向楼道或楼下泼污水、扔垃圾，不随地吐痰，自家宠物粪便要清理，自觉保护环境卫生。不侵占公共绿地，不踩踏绿地，不攀折小区内的花草树木，不搭建违章建筑影响他人生活。遵守小区生活的秩序，如不乱停车、乱鸣笛等。

拓展延伸

《邻里歌谣》

见邻居，打招呼，叔叔阿姨称呼道，点头微笑问声好。

楼道里，知礼让，提搬重物快让道，长者先行有礼貌。

脚步轻，凳轻挪，安静居家勿扰邻，文明行为要记牢。

有摩擦，互谅解，友爱和谐如一家，邻里和睦赛金宝。

社区里，讲公德，器材设施勿霸占，爱护公物素质高。

不乱吐，不乱丢，社区环境齐维护，邻里幸福乐陶陶。

实训要点

邻里交往礼仪的操作要点见表 3-2-1。

表 3-2-1

操作项目	操作要求
待客礼节	清洁整理，做好待客准备，备好茶具、饮料、水果等
	着装得体，不能穿睡衣待客
	家长前去迎接自己的客人时，跟随其后向客人以尊称问候
	接待长辈客人，家长陪着说话时，晚辈负起招待的任务
	接待朋友时，先把客人介绍给自己的家长；临别时告诉家长，让客人有机会向自己的家长道别
	接待老师家访，应恭敬地出门迎接；安排老师入座并双手敬茶；老师告辞时亲自送出大门，热情道别
做客礼节	事先约定，最好按对方的意思确定拜访的时间地点；不宜选择对方较忙或吃饭时间，晚上不宜太晚
	敲门轻稳有节奏，一般敲两三次；不要长时间按门铃，也不要一触即离
	主人开门后，随主人到指定房间，有其他人时要礼貌问候；待主人招呼就座后再坐下
	做客以 0.5～1 小时为宜，告辞时表达谢意，向长辈道别
赠送礼物的礼节	应考虑具体情况和场合，举止得体并伴有礼节性的语言表达
	送礼的时间和频率要合适
	了解受礼人的身份、爱好、民族习惯等
探望病人的礼节	根据病人的实际情况，选择合适的时间，电话慰问或者携带礼物到病房探视，言行举止要得体，避免带给病人负面的影响
邻里相处礼仪	见面打招呼，礼让长者
	行为文明不扰邻，互帮互助增感情
	爱护公共设施，社区环境同维护

拓展训练

1. 案例分析

丰子恺是著名画家，家里经常有客人来访。每逢来客人，他总是耐心地对孩子们说："客人来了，要热情招待，要主动给客人倒茶、添饭，而且一定要双手捧上，不能用一只手，因为用一只手，就好像是皇上给臣子赏赐，或是像对乞丐布施，这是非常不恭敬的。"他还说："要是客人送你们什么小礼物，可以收下，但你们接的时候，要躬身双手去接，躬身，表示谢意；双手，表示敬意。"这些教导，都深深地印在孩子们的心里。一次，丰子恺在一家菜馆里宴请一位远道而来的朋友，孩子们有礼貌、守规矩地吃完饭。饭后，他们中有人嘟囔着想先回家。丰子恺听到了，不便大声制止，就悄悄告诉他们不能急着回家。事后，丰子恺对孩子们说："我们家请客，我们全家人都是主人，你们也不例外。主人比客人先走，那是对客人不尊敬，就好像嫌客人吃得多，这很不好。"在父亲的正确教导下，丰子恺的孩子们个个都懂规矩、讲礼貌，长大后成了有出息的人。

（1）你从案例中学到了什么？

（2）请结合实际情况说说你平时是怎样待客的，以后应注意什么。

2. 情景表演

小组内分角色表演以下场景，面向全体进行展示，其他同学根据表演的情况，结合相关礼仪要求提出建议和意见。

（1）几个人到同学家去玩。

（2）和妈妈一起去亲戚家做客。

礼仪提升记录表

评价项目	评价内容	分值	自评分	小组评分	综合得分
待客	待客前的准备	10			
	迎接客人	10			
	接待客人	10			
做客	提前约定	5			
	入座前的礼节	5			
	做客时的礼节	10			
	告辞时的礼节	5			

续表

评价项目	评价内容	分值	自评分	小组评分	综合得分
赠送礼物	礼物选择	10			
	赠送时的语言举止	5			
探望病人	时间和方式	5			
	言行举止	5			
邻里相处	日常见面礼仪	5			
	行为文明不扰邻	5			
	维护公共环境	10			
	总分	100			
努力方向		建议			

任务三　重要仪式礼仪

任务目标

◆了解中华民族传统文化中婚礼、葬礼、祭扫、传统节日的重要礼节与仪式；

◆参加家庭重要仪式活动，在家庭生活的仪式感中增强家庭成员的归属感，建设良好的家风；

◆理解家庭重要仪式礼仪所蕴含的文化内涵与深意，传承中华民族美好习俗与优秀文化。

任务领航

你参加过哪些传统的礼节和仪式？在这些仪式中你有什么感受？

任务三　重要仪式礼仪

案例品读

婚姻是相互承诺和包容的开始，更是一段生命中最美妙的旅程。婚礼是人生中一次庄重而美好的仪式，也是崭新生活的开始。一个婚礼的参加者为我们记录了这样一个别开生面的婚礼：

婚礼的地点是一座尽显古典风情的庄园，当宾客步入庄园大门时，立刻被花海和绿意所包围，一种浪漫而神秘的氛围扑面而来，仿佛进入了一个童话世界。桌子上铺着雪白的桌布，香槟杯和盘子闪烁着银光，细节之处展现了主人精心的准备。

音乐响起，新娘身穿一袭洁白的婚纱，缓缓走进礼堂，新郎站在礼堂中央，一身西装，英俊潇洒，迎接自己的新娘。婚礼仪式中有新人的誓词和戒指交换，来自家人的祝福，每一位嘉宾写下祝福的话语，放在婚礼现场的花球上。

眼含着幸福的泪水，新郎新娘一同走向舞池为嘉宾献上第一支舞蹈，舞姿翩翩，配合默契，让人叹为观止。

晚宴部分是婚礼的重头戏，各式各样的美食摆满宴会厅，每道美味佳肴都经精心烹制，每位嘉宾尽情享受着美食的盛宴。现场还安排了精彩的节目表演，包括舞蹈、歌唱和乐队演奏等，这些表演不仅丰富了晚宴的内容，也增加了婚礼的欢乐氛围。

这场别开生面的婚礼给来宾留下了深刻的记忆，见证了婚姻的神圣，拉开了一个新家庭幸福生活的序幕。

知识准备

中华民族的传统礼节和仪式是中华文化的重要组成部分，世代流传至今，这些礼节和仪式既是人们对祖先的敬意，也是表达感恩之情的方式，更是维护家庭和社会和谐的纽带。不同民族在历史发展过程中，都有本民族重视的家庭仪式，家庭成员在出席某些重要仪式活动时，应遵循恰当的礼仪，这既是个人素质的表现，也是对他人应有的尊重。

项目三　家庭生活礼仪

一、婚礼

婚礼，人生五礼之一，是一个人一生中重要的里程碑，属于生命礼仪的一种，所有国家和民族都有其传统的婚礼仪式，是民俗文化的继承途径，也是本民族文化教育的仪式。中国传统婚礼注重家族传承和社会团结，是一个重要的家庭仪式，新郎和新娘需要穿着隆重的婚礼服饰，以示尊重，在婚礼仪式上，有许多细节和仪式要遵循，如拜堂、敬茶、喝交杯酒等，婚礼上还有一些其他象征吉祥和祝福的仪式，自古至今，婚礼仪式并不是一成不成的。

> 古时新郎会在昏时（黄昏）迎娶新娘，而夫妻结合的礼仪就称为"昏礼"，后来才慢慢演化为白天娶妻的婚礼。古时婚姻要经过六道程序，即纳采、问名、纳吉、纳征、请期和亲迎，统称为"六礼"。"六礼"创制于西周时期，是缔结婚姻必经的六个步骤。

受邀参加婚宴要准备一份贺礼，用红纸或专门的礼包封包，封面写上祝福语和送礼人的姓名，里面放入适当的礼金，礼金数目根据客人的经济情况以及与新郎、新娘关系的远近亲疏而定，但都要取双数，六为"禄"，八为"发"，百为"白头偕老"的意思。

到了婚宴场所，新郎、新娘一般会在入口处迎宾，客人要上前道贺；有的地方风俗是新郎、新娘给客人献上两颗糖，取意好事成双，客人此时取出贺礼，送到新娘或伴娘手上。

参加婚宴时若以实物代替贺礼相赠，要在封包和礼品上写上新郎、新娘名字和"新婚之喜"，下面书写"××敬贺"。

进入宴席厅，要按照主人或主持人的引导就座，如果没有人引导，可以和熟悉的亲友坐在一起，但应注意不要主动坐到"新人桌"或"父母桌"。新郎、新娘向各席敬酒致谢时，大家起立举杯，和新人轻轻碰杯，再道"恭喜"。

参加婚礼要注意以下方面：不要抢新娘的风头；忌穿着随便，衣着暴露；忌言语不敬攻击新人；敬酒发言时忌东拉西扯没完没了；闹洞房时忌过分取闹。

二、葬礼

中国传统葬礼是表达对逝者的哀悼和对生命尊重的仪式，在葬礼上，家人和亲朋好友会穿着素服，表示哀悼之情，逝者家会摆放祭祀用品，如香烛、祭品等，供奉逝者的灵魂，有的地方逝者家门口还有悬挂白色丧带的风俗，表示家中有人去世。在葬礼仪式上，还有一些特殊的仪式，比如抬棺、烧纸钱和撒土等。

亲人去世，逝者家属都比较哀伤，为了体现自己对死者的尊重和丧家的同情，参加葬礼时，一定要注意保持悲伤的情绪，不能面无表情，无动于衷，更不能露出厌烦的神情甚至笑容。穿深色服装（黑色为最佳），切忌穿得大红大绿，与死者有亲属关系时，衣袖上要戴黑纱，与死者属朋友关系的也可在胸前佩上白花。不宜昂首阔步，应微微低头，缓步慢行。讲话时声音要低沉，不可与参加丧礼的人交头接耳，讨论其他事情，甚至谈笑风生。葬礼要坚持参加到底，对死者家属可进行劝慰，用温情关切的语言劝其节哀，此时禁言也是适宜的。

三、祭扫

祭扫是对已逝先人的一种纪念形式，一般可分为两类：家庭祭奠和扫墓祭奠。家庭祭奠，一般在父母、祖父母的生辰或忌日时举行，通常是面对遗像，点燃馨香三柱，供奉水酒三杯，以示纪念。扫墓祭奠，一般在清明节、中秋节和春节举行，祭扫先人墓地，馨香三柱，鞠躬悼念（一般三鞠躬代替），寄托哀思。整修陵墓，一般是指给坟墓培土，并整修墓道。

四、传统节日

中国的传统节日是人们传承至今的文化活动，也是人们弘扬传统文化的时刻。每年的春节是中国人最重要的传统节日，人们会进行一系列的庆祝活动。春节前，家家户户都会进行大扫除，寓意扫除旧年的晦气，迎接新年的好运。除夕夜，家人团聚吃年夜饭，吃饺子，象征着团圆和美满，如图3-3-1所示。在春节期间，人们会贴春联和福字，挂灯笼，放鞭炮，寓意驱赶邪恶迎接新年的好运。

图 3-3-1

此外，中国还有许多其他重要的传统节日，如清明节、端午节、中秋节等，每个节日都有独特的庆祝方式和传统习俗，不同民族的传统节日以及相同节日的庆祝方式并不完全相同。

中华民族的传统节日和仪式是中华民族的瑰宝，这些节日和仪式不仅丰富了人们的生活，也传承了中华民族的优秀传统，我们应该珍惜和传承，让中华文化在世界舞台上绽放出更加夺目的光彩。

实训要点

重要仪式礼仪的操作要点见表3-3-1。

表 3-3-1

操作项目	操作要求
婚礼	准备贺礼，举止得体；贺礼可以是礼金或实物；到婚宴场所时要向新人贺喜，入座有序，吃相文雅
葬礼	仪容仪表，神情举止符合仪式的气氛
祭扫	家庭祭奠和扫墓祭奠，仪式得体表示敬意，恰当表示哀思
传统节日	参加家庭庆祝活动，培养家庭生活的仪式感

拓展训练

小组合作根据真实的婚礼和其他仪式的录像或影视片段，进行课堂展示并分析相关人员的仪容仪表和行为举止。

礼仪提升记录表

评价项目	评价标准	分值	自评分	小组评分	综合得分
婚礼	准备礼金或实物，举止得体	30			
葬礼	穿深色服装（黑色为最佳）；保持悲伤的情绪；讲话时声音要低沉	20			

续表

评价项目	评价标准	分值	自评分	小组评分	综合得分
祭扫	文明祭奠，寄托哀思	20			
传统礼仪	参加家庭节日庆祝	30			
	总分	100			
努力方向		建议			

项目四 校园文明礼仪

项目导语

校园是学习文化知识的殿堂，也是培养文明礼仪的重要阵地。文明礼仪是内外兼修、形神俱美、知行合一的优秀品质和道德素养，践行文明礼仪的过程就是好习惯养成的过程。

遵守校园文明礼仪有助于塑造良好的校园形象，提高我们自身的综合素质，帮助我们形成良好的人际关系。在校期间践行文明礼仪，形成良好的行为习惯，才能更好地适应社会。

在校园中互相关爱，共同进步，让文明意识和文明习惯融入日常，文明礼仪之花开满校园，校园就会变成涵养文明的沃土，每一名学生都会成为文明风尚的传播者，做文明新风的引领者，更好地成长为国家建设的参与者、奉献者，成为社会发展和国家强盛的栋梁。

学习目标

（1）懂得校园文明礼仪规范，了解不文明行为带来的危害；

（2）树立正确的道德观，形成对校园文明礼仪的认同感；

（3）从自我做起，从此刻做起，杜绝不文明现象，做文明学生，共同建设文明校园。

项目四 校园文明礼仪

任务一　日常生活礼仪

任务目标

◆掌握校园日常生活的常规要求，规范学习行为和学习习惯；

◆遵守校园礼仪规范，纠正自身不文明行为，提高自身素质，塑造良好的学生形象；

◆培养健康的审美情趣和观念，养成遵循礼仪的良好习惯，从自我做起，从身边做起。

任务领航

在校园学习生活中，我们需要遵循哪些日常生活礼仪？你知道学生日常行为规范有哪些内容吗？请结合学生日常行为规范内容，进行自我反省与改进。

案例品读

案例1：成都市某职高毕业生张华，在校期间衣着暴露，打扮前卫，戴耳环、染黄发，陷入求新、求异、盲目模仿的歧途。毕业后报名参军体检，因双臂、背部有文身而未能通过，到医院做手术除去文身，花费现金5700余元，再次报名参军，又因耳垂有小孔未能通过。

案例2：学校举行艺术节合唱比赛，高一3班学生都在勤加练习，努力准备，文艺委员选定了上场的女生服装为套裙，同学们都认为整体效果很好。李莉因自己腿粗，不适合穿裙子，坚决不同意参赛，后来经不住大家的劝说同意了。等到了比赛那天，李莉以忘记带裙子为由，穿着自己的一身黑服装上了场，整个班级就李莉一个人穿着黑裤子黑上衣，其他同学都是统一的白衬衣加红格子裙子，比赛结果可想而知。

案例3：沧州某学院图书馆内学生王琳占用多个座位，不允许其他同学使用，甚至辱骂训斥他人："我跟你说了这儿有人，跟你说了几次，我让你走为什么不走？你现在非得让我动手。"

你如何看待上述学生的这种行为呢？

知识准备

一、学生仪容仪表礼仪

仪容仪表是一个人精神面貌的外在表现，学生的仪容仪表是其道德修养、文化水平、审美情趣、文明程度的表现，是心灵的写照。

作为学生，仪容仪表要符合日常行为规范，大方得体的仪容仪表，也是对老师和同学的一种尊重。学生仪容仪表的基本要求见表4-1-1。

表 4-1-1

项目	内容	要求
仪容端庄整洁	面部	干净整洁，保持容光焕发的精神面貌； 男生胡须要剃净，鼻毛要修剪不外露； 女生忌浓妆艳抹，除参加礼仪活动或文艺演出，一般不应化妆
	牙齿	谈话前不吃带有异味的食品，保证口气清新，不能当众剔牙，不要边嚼口香糖边与人交谈
	手部	不留长指甲，不涂指甲油；不当众剪指甲、摆弄手指、抠鼻孔、掏耳朵等
	头发	发型符合学生的身份，干净利索，不染发或留怪异的发型； 男生最好留平头、学生头，不留长发；女生梳辫子，留短发，在校期间不烫发或披头散发
	服饰	学生着装应色彩鲜明，线条流畅，明快简洁，勤洗澡，勤换衣，身上不留异味； 按校规着装，穿校服时应保持校服的整洁，衣领端正，不在校服上乱涂乱画； 不穿校服时，服饰要做到朴素大方，活泼整洁，符合学生的身份
	鞋	在校内，不宜穿中、高跟皮鞋，应穿适合运动的布鞋、运动鞋等，便于参加校园体育活动

续表

项目	内容		要求
行为举止得体	站姿		女生站姿挺拔，精神抖擞；升旗仪式、课间操、体育课、军训等场合保持良好站姿
	坐姿		坐姿端正舒展，需要移动椅子时，不要坐在椅子上移动，避免移动椅子发出声响
	行礼	鞠躬礼	学生见到老师或长辈行鞠躬礼表示尊敬与问候； 上台领奖时向领导老师行鞠躬礼表示感谢； 在演讲前后向观众行鞠躬礼表示敬意
		点头礼	学生与老师和同学们交往中，可以用点头礼表示问候与回应； 对别人说话表示认同时，可以点头表示支持、肯定
		注目礼	参加升旗仪式时，向国旗行注目礼
		指引礼	能够举止得体地为他人指引方向、位置，引导他人进场入座，为他人做介绍
		递接礼	向他人递交文件时，应双手递上，并保持文字正向面对接收者； 向他人递笔、刀子、剪子等尖锐物品时，需将尖端朝向自己； 递交物品时面带微笑，并说："请接好""请收好"之类的礼貌用语，注意目光的交流，要大方自然

拓展延伸

我国著名的教育家，南开大学校长张伯苓先生曾在该校的一面大立方镜上悬挂一幅"镜箴"，告诫每个学生都要注意自己的仪表美。"镜箴"上写着：面必净，发必理，衣必正，钮必结，头容正，肩容平，胸容宽，背容直……周恩来总理读书时，以此为言谈举止的规范，养成了举世公认的非凡气质和令人折服的优雅气度。

二、班级集体生活礼仪

从上学开始，每一位学生有了自己所属的集体，大家在集体中生活，一起分享成长的喜悦与困惑，良好的同学关系可以营造融洽的班级生活氛围，让班集体成为每个人进步的摇篮。一个积极向上的班集体，需要每一名同学遵守集体生活的礼仪规范。

(一)团结友爱,互帮互助

团结同学,一言一行都要从团结的愿望出发,和同学相处要做到言行一致,表里如一。说话要注意场合、分寸,不能散布不利于班级团结的话,更不能在班内拉帮结派。同学需要帮助时,要尽最大努力帮忙,不能视而不见,置之不理。如果自身遇到困难,应努力克服,不应强加于同学,更不能因为别人帮不上忙而心怀怨恨。

(二)顾全大局,心系集体

集体生活中,要热爱班级,热爱学校,顾全大局,遵守制度。自觉维护集体的荣誉和利益,服从集体的安排,积极参加集体活动,如图4-1-1所示。发扬集体的好作风,努力解决集体遇到的困难,在集体中能求大同存小异,善于团结他人,让集体发挥出更大的力量。

图4-1-1

(三)言行文明,爱护公物

集体生活中应使用礼貌用语,不说脏话,不大声喧哗,不随意骂人。同学之间见面要互相打招呼,不要冷漠不理,可以问好、点头、微笑、招手,要热情诚恳。应珍惜爱护所用的仪器、设备、设施等公共财物,不在课桌及墙壁乱写、乱涂、乱刻和乱踏;不私自拆卸、损坏或取走教室内的任何设备。

(四)不议论他人是非

同学相处要谨防传话,不说不文明的话,不取笑别人,不给别人起绰号,不讽刺挖苦别人,不传播流言蜚语,不在背地里说长道短,这是同学间最忌讳的失礼行为,正确的做法为:自己不传、不说,听到别人说,不轻信、不盲从。

（五）正确进行自我评价

要正确地对待同学，离不开正确地评价自己，"知人者智，自知者明"，正确评价自己的前提是正确认识自己，不能自高自大，也不能自暴自弃。正确认识自我与社会、个人与集体的关系，认识到个人的成长离不开集体，自我的人生价值主要在于对社会的贡献。

> **小贴士**
>
> 《中学生日常行为规范》对中学生行为举止提出了具体明确的要求，学习规范、践行规范可以帮助同学们更好地成为文明守礼的新时代优秀学子。

三、校园日常场合礼仪

（一）入校礼仪

进入校门，应穿戴整齐，不打闹、不喧哗、不逗留，见到执勤老师，要行礼问好，遇到同学也应点头示意或问候。

中学生日常行为规范

（二）课堂礼仪

预备铃响后，要做好上课准备，安静等候老师到来。上课铃响后，班长喊起立，老师与同学们互相致意问候。听课时，要姿势端正，认真听讲，做好笔记，不做与上课无关的事。要发言，先举手示意，如图4-1-2所示，老师同意后起立发言。

图 4-1-2

（三）课间礼仪

课间不在走廊和教室内打闹，合理分配课间时间，并提前将下一节课的书本文具准备好。按照值日表顺序自觉做好值日工作，下课后及时擦掉板书等。

（四）就餐礼仪

自觉排队买饭，安静就餐，不浪费粮食，尊重餐厅工作人员，用餐后根据餐厅要求收拾好个人餐具，放到指定地方。

（五）图书馆礼仪

在图书馆自习时应当保持安静，敲击键盘和鼠标应尽量轻声，提前约好座位后再去相应位置自习，不大声喧哗，不发出噪声，不占用他人座位，不在图书馆吃食物。

（六）宿舍礼仪

保持宿舍内外整洁，及时打扫卫生、清理垃圾，积极营造良好的生活环境，如图4-1-3所示。

舍友休息时尽量不要发出声响，接打电话时注意音量。爱护宿舍公共财物，不在宿舍和楼道内的墙壁上乱写、乱画、乱钉。拜访他人宿舍时要先敲门，经允许后再进入。

图 4-1-3

（七）校园集会礼仪

1. 升旗仪式

着装统一，提前整队在指定位置站好。升旗过程中，面向国旗站好，行礼；唱国歌时声音洪亮，不可随意走动；迟到同学，面向国旗原地站立，礼毕归入本班队伍，仪式结束后安静离场。

2. 运动会等大型活动

积极参与，服从管理规定，注意安全，不私自脱离集体单独行动。

小贴士

宿舍礼仪歌

保持宿舍整洁卫生，勤洗衣服晾晒被褥。
养成良好生活习惯，保持规律作息时间。
爱护宿舍公共财物，节约水电注意安全。
拜访他人非请莫入，轻言轻语切勿久坐。
团结互助和睦相处，把握分寸尊重隐私。

图书馆礼仪歌

衣着整洁注意仪表，做好疾病自我防控。
图书馆内保持安静，走路选书动作要轻。
爱护图书财物设备，保持馆内环境卫生。
查完资料书归原处，遵循程序如期归还。
尊重馆内工作人员，举止文雅恭敬礼让。

实训要点

校园日常生活礼仪要点见表4-1-2。

表 4-1-2

项目	内容与要求
学生仪容仪表礼仪	整洁大方，朴素得体，讲究个人卫生，服装、发型符合学生身份，不佩戴任何首饰
	行为举止得体，站姿优雅，坐姿端正，恰当遵守礼节
班级集体生活礼仪	团结友爱，互帮互助
	顾全大局，心系集体
	言行文明，爱护公物
	不议论他人是非
	正确进行自我评价

续表

项目	内容与要求	
校园日常场合礼仪	入校礼仪	行礼问候
	课堂礼仪	认真准备，专心听讲
	课间礼仪	轻声交谈，不追逐打闹
	就餐礼仪	自觉排队，爱惜粮食
	图书馆礼仪	保持安静，书归原处
	宿舍礼仪	遵守宿舍管理制度、生活秩序
	集会礼仪	着装统一，服从要求，注意安全

拓展训练

学习贯彻习近平总书记新时代中国特色社会主义思想和党的二十大精神，开展"明礼修身，共建文明校园"短视频大赛。

要求：

（1）作品以"校园文明礼仪"为主题，以个人或团队形式开展拍摄创作，结合个人所长，发挥专业特色，展现学校新时代青年学子的文明礼仪风范，时长不超过2分钟。

（2）作品可以是纪实微视频、网络短视频、公益短片等形式，提倡运用新颖的视听表现形式，采用灵活生动的剪辑创意。

（3）开展作品交流，分享校园文明礼仪的相关知识。

礼仪提升记录表

评价项目	评价标准	分值	自评分	小组评分	综合得分
仪表礼仪	朴素大方，干净整洁	5			
	行为举止得体	5			

续表

评价项目	评价标准	分值	自评分	小组评分	综合得分
集体生活礼仪	团结友爱，互帮互助	10			
	顾全大局，心系集体	10			
	言行文明，爱护公物	10			
	不议论他人是非	5			
	正确进行自我评价	5			
校园日常场合礼仪	入校行礼，问候致意	5			
	课前认真准备，课堂专心听讲	10			
	课间安静，礼貌进出办公室	5			
	就餐自觉排队，爱惜粮食	5			
	图书馆保持安静，书归原处	5			
	宿舍文明，遵守秩序	10			
	集会服从管理，注意安全	10			
	总分	100			
努力方向		建议			

任务二　同学交往礼仪

任务目标

◆掌握校园中同学相处的礼仪要求，懂得同学间交往的原则与技巧；

◆建立异性同学间交往的正确态度，正确把握异性交往的尺度；

◆遵守同学交往礼仪，营造良好的校园学习氛围。

任务二　同学交往礼仪

任务领航

同学之间朝夕相处，是亲密的伙伴，同学情谊是学校生活中的宝贵财富。应注意遵循哪些交往礼仪，为自己留下一段美好的校园记忆呢？

案例品读

案例1：于苗最近有点苦恼，大家小组活动或者一起外出时，都不愿意叫上自己了。其实自己在平时也经常给学习困难的同学讲题，也会帮着大家整理班级卫生，可为什么大家都有点疏远自己了呢？班主任的一席话让于苗开始反思自己的行为，是呀，同学有问题来请教时，自己经常会来一句："多简单的题，你不会，太笨了吧，唉，我来告诉你吧。"这种大大咧咧的语言没有考虑到同学们的感受，虽然帮助他人学了知识，却伤害了他人的自尊。

案例2：初一女生小丽在给同学拍照时不小心拍到了该校高三女生若若，双方引起冲突，小丽在删除照片并道歉之后，对方依然不罢休，纠集相关人员施暴。案发后，殴打小丽的女生刘某、邬某和男生贾某及部分未成年同案人员通过经济赔偿、赔礼道歉等方式获得了小丽谅解。法院审理认为，因该案发生在校园，属于典型的校园暴力案件。案发后，部分视频被上传到互联网，引发了社会对校园暴力案件的普遍关注。三人殴打未成年人，情节恶劣，其行为均已构成寻衅滋事罪。考虑到三人具备自首、获得谅解等情节，并结合其各自在案件中所起的作用，最后分别判处刘某、邬某、贾某有期徒刑8个月、6个月、7个月。

知识准备

同学之间的交往是校园人际交往中的重要内容，集体生活中每个人来自不同的家庭环境，有着不同的生活经历，性格爱好又各具特点，因此与同学交往应注意遵循相关礼仪规范，才能建立和睦的同学关系网，在集体生活中收获友情和关爱，为个人的成长助力，让自己度过一段美好难忘的校园时光（见图4-2-1）。

图 4-2-1

一、同学间日常交往礼仪

（一）同学间交往的原则

同学是人际关系中重要的交往对象，学生在日常生活与学习中要谨慎处理与同学之间的关系，注意同学交往时的礼仪礼貌是获得良好同学关系的基本要求，学生在日常交往时要把握以下礼仪原则。

1. 尊重原则

尊重是交往礼仪的首要原则。在与同学交往过程中，首先要尊重同学的个性爱好，不应当把自己的意志和意愿强加于人；其次，要尊重同学的隐私权，不偷窥同学日记、信件等，进他人宿舍前要礼貌地敲门；另外，要学会肯定、欣赏和赞美他人，注意发现他人的优点，取人之长，补己之短。

2. 诚信原则

诚实守信指在同学日常交往中做到说话算数、言行一致，要以诚相待、实事求是、信守诺言。真诚待人是交往成功的核心，也是人与人之间建立深厚友谊和情感的基础。在与人交往感到力不从心时应直言相告，与他人交换看法时，不应含糊其词，应当诚恳地谈出自己的看法。

3. 宽容原则

宽容也是交往礼仪的基本原则，同学间日常交往时，既要严于律己，更要宽以待人，对待同学应持豁达、大度的态度，不应抓住其缺点或过失不放。

4. 真诚原则

真诚是最受欢迎的人格品质，是一种崇高的道德情感。同学间交往要以心相交，以诚相待，对人真诚，光明磊落，把问题摆在明处，不在背后搞小动作，不投机取巧，这样才能赢得人心，交到真朋友。虚情假意、阿谀奉承赢得一时，却无法持久。

（二）同学间交往应注意的细节

1. 尊重同学隐私

同学的家庭情况、个人信息，在本人不愿意透露的情况下，不能一再追问。不能忽略他人感受随意打探，这样只会招致他人的不良情绪，甚至伤害彼此的感情，更不应该把自己了解到的有关信息告知别人，要学会收起"好奇心"，约束自己的言行，这是应有的交往礼节。

学会拒绝，同样有朋友

2. 注重他人感受

同学间交往要注意自己的言辞是否会给别人带来不愉快的感受，比如对于同学遭遇的不幸，偶然的失败，学习上暂时的落后等，不应嘲笑、歧视，而应该给予热情的帮助。对于同学的相貌、体态、衣着不能品头论足，也不能给同学起侮辱性的绰号，更不能嘲笑同学的生理缺陷。与同学说话要态度诚恳、谦虚，语调要平和，听同学说话要专心，不轻易打断别人的话，选择合适的交流内容，这也是一个人有修养的表现。

遭遇校园暴力怎么办

3. 借物及时归还

同学之间难免相互借用东西，但是需要谨记有借有还，同学之间即使关系亲密，借用物品也应打招呼，不能认为关系好就随意动用他人的物品。同学间使用他人贵重物品，如手机、电脑等，要格外爱护，提前约定时间，定期归还。

4. 不应攀比炫富

随着社会经济的发展，人们生活水平逐渐提高，对物质方面的要求也越来越高。学生应建立正确的价值观，提高自身的审美情趣，端正消费行为。因家庭条件比较好，就和同学炫富，这种做法展示的是父母的劳动成果，满足了自身的虚荣心，却伤害了其他同学的感情。父母的工作头衔、社会地位、个人财产等都不应该成为炫耀的资本。校园里的攀比和炫耀性消费往往会给家庭条件差的同学带来心理压力，盲目跟风的高消费和超前消费会给自己家庭带来负担，这种虚荣的

心态和炫耀的行为会造成一种示范效应，对很多同学产生压力，不利于建立良好的同学关系，应该杜绝。

  与同学交往发生了矛盾，是不少同学都感到烦恼的问题，下面是如何应对冲突和避免争吵失控的一些建议：

  （1）直接接触。如果需要，可以约定时间、地点进行面对面的沟通，在说话时不要用威胁性的语言。如果希望谈话保密，一开始就应该说清楚。

  （2）永不放弃。没有取得结果并不意味着就没有解决的办法。不应该停止沟通，而要准备做出让步和找到双方都能接受的解决办法。

  （3）责任自负。要对自己而不是他人的错误负责。

  （4）不要怪罪。怪罪别人或怪罪自己，对于问题的解决没有任何作用。如果想解决问题，就不要太看重已经过去的事。

  （5）就事论事。只涉及本次矛盾的具体问题，不要将过去发生的事情牵扯进来。

  （6）注意倾听。要善于倾听，不要打断别人的谈话，不要马上做出不满意、不同意的反应。如果你尊重别人，别人也同样会尊重你。

  （7）避免揭短。揭短容易激化矛盾，不利于问题的解决。

  （8）公平协商。解决问题要靠双方的共同努力。要本着公平的原则，认真协商，努力找出有利于双方的最佳解决方案。

  （9）学会宽恕。宽恕别人，意味着给了别人一个改正错误的机会。

二、异性同学间交往礼仪

  社会学家指出，异性交往是人际交往的重要内容，随着学生的心理和生理发育日益成熟，异性同学之间彼此渴望接近，怎样处理好与异性的关系也是当代学生在日常交往中应该注意的问题。学生在与异性交往中要掌握好分寸和方式，以免对方误会，交往中保持文明积极的氛围，避免一些不当行为的出现，这对青少年的成长具有重要的意义。

（一）学生异性间交往的原因

1. 学习氛围因素

同班、同级、同校的异性同学之间，由于共同的学习环境和求知的欲望，彼此交往的机会比较多，接触也比较方便，平时学习上的互帮互助，工作上的互相配合（见图4-2-2），以及集体组织的各项课外活动，会增加异性同学间相互了解的机会，在异性之间建立起友谊。

图 4-2-2

2. 地域环境因素

因为同学家相互住得比较近，男女生之间有机会聚在一起，可以交流班级、学校等方面的信息，结伴外出游玩或参加彼此的生日聚会，从而建立友谊。

3. 兴趣爱好因素

因为同属某一个兴趣小组或社团组织，可以经常在一起探讨共同感兴趣的事，互相学习、取长补短。例如，体育运动的爱好者们，可以通过训练与比赛，增加男女同学交往的机会。

4. 偶然巧合因素

一些特殊的场合或一些意外的巧遇，也会使异性同学间建立联系，产生交往。比如一位女同学在上学路上提不动行李，一位男生伸手相助，由此开始联系，并成为朋友，但是这种偶然因素促成的异性交往，往往因为彼此缺乏深入了解，有时可能产生不良的后果。

（二）异性同学交往应遵守的礼仪

1. 内心自然坦诚

要正确认识异性同学间的交往，采用适当的方法，把握正确的原则。与异性交往要心地坦荡、光明磊落，交谈的内容要适当，如图4-2-3所示，以消除异性间的不自然感，纯洁的友谊更能经得起时间的检验。

图 4-2-3

项目四 校园文明礼仪

2. 言行举止文明

异性同学交往时要注意自尊自爱，言谈举止做到文雅庄重，不宜过分亲昵，否则会让人觉得太轻佻，容易引起对方的反感和误会。说话要文明，切忌粗话和脏话，对待异性不可拍肩膀，打闹轻浮，要尊重对方，不可拿对方取乐。

3. 注意时间场合

异性同学间的交往应避免在阴暗、偏僻的场所，更不合适在晚上长时间单独相处。

4. 保持恰当距离

男女交往本身有一种自然的吸引力，若男女同学交往距离太近，出现身体接触，容易产生条件反射，出现性冲动，甚至引发越轨行为。异性学生接触，保持一定的距离，也是一种礼貌。

5. 掌握分寸方式

与异性交往中要掌握好分寸和方式，不宜过分亲昵，不宜过分冷淡，不宜过分拘谨，不应过分随便，有些话题只宜在同性之间交谈。与异性同学交往时，消除异性交往中的不自然是建立正常异性关系的前提。

异性同学交往应在老师和家长的指导下，积极健康地交往，不仅有利于提高学生的人际交往能力，对于稳定学校教学秩序，营造和谐校园都有积极意义。

社交礼仪四种距离

心理学家发现，每个人都需要一个自我能够把握的空间，这个空间的大小会因不同的文化背景、环境、行业、个性而不同。不同的民族在谈话时，对双方保持多大距离有不同的看法。在人际交往中，存在四种距离：分别是亲密距离、私人距离、礼貌距离和一般距离（见表4-2-1），太远会让人际关系显得冷漠、疏远；太近则让人感到不适，也会引发误会。与异性同学交往中应保持礼貌距离，合适的距离对彼此而言既是尊重也是保护。

任务二　同学交往礼仪

表 4-2-1

亲密距离（0～45 cm）：交谈双方关系密切，这种距离适于双方关系最为密切的场合，比如说夫妻及情人之间。	私人距离（45～120 cm）：朋友、熟人或亲戚之间往来一般以这个距离为宜。
礼貌距离（120～360 cm）：用于处理非个人事务的场合中，如进行一般社交活动，或在办公、办理事情时。	一般距离（360～750 cm）：适用于非正式的聚会，如在公共场所看演出等。

实训要点

同学交往礼仪要点见表 4-2-2。

表 4-2-2

项目	内容与要求	
同学间日常交往礼仪	交往的原则	尊重原则
		诚信原则
		宽容原则
		真诚原则
	应注意的细节	尊重同学隐私
		注重他人感受
		借物及时归还
		不应攀比炫富
异性同学间交往礼仪		内心自然坦诚
		言行举止文明
		注意时间场合
		保持恰当距离
		掌握分寸方式

拓展训练

学校为推进宿舍文明建设，营造温馨舒适的宿舍环境，加强学生文明礼仪修养，提升宿舍文化品位，营造健康、文明的生活氛围，举行宿舍文化节活动。

项目四　校园文明礼仪

要求：

（1）制作宿舍宣传片。以宿舍为单位开展，拍摄内容为学生宿舍生活。

（2）温馨宿舍评选。根据宿舍内务情况、整洁程度和宿舍装饰等进行评选。

（3）同学一起制定宿舍礼仪公约，内容包括作息时间、卫生安排、学习安排等，公约设计精美，排版美观，整体效果好。

礼仪提升记录表

评价项目	评价标准	分值	学生自评	小组评价	综合得分
同学间日常交往礼仪	尊重同学隐私	10			
	注重他人感受	10			
	借物及时归还	10			
	不应攀比炫富	10			
异性同学间交往礼仪	内心自然坦诚	10			
	言行举止文明	15			
	注意时间场合	10			
	保持恰当距离	10			
	掌握分寸方式	15			
总分		100			
努力方向		建议			

任务三　师生交往礼仪

任务目标

◆掌握尊师的礼仪，并在学习生活中得体运用；

◆尊重老师的劳动，尊师道，敬师德，念师恩；

◆正确处理与老师交往中存在的分歧，建立良好的师生关系。

任务领航

老师是学生成长路上的引路人，尊师重道是中华民族传统美德。学生在与老师交往的过程中应遵循哪些礼仪规范呢？

案例品读

宋朝有一位学者名叫杨时，他对老师十分尊敬，"程门立雪"讲的就是他尊敬老师、刻苦求学的故事。杨时在青少年时代就非常用功，中了进士后继续访师求教，钻研学问，当时，程颢、程颐兄弟俩是全国有名的学问家。杨时先是拜程颢为老师，学到了不少知识；为了继续学习，他又拜程颐为老师。其时当时杨时已经40岁了，但对老师还是依旧谦虚、恭敬。有一天，天空浓云密布，眼看一场大雪就要到来，午饭后，杨时为了找老师请教一个问题，约了同学游酢一起去老师程颐家中，守门的说，程颐正在睡午觉，但他们不愿打扰老师的午睡，便一声不响地立在门外等着。

孔子尊师

天上飘起了鹅毛大雪，越下越大。他们站在门外，雪花在头上飘舞，凛冽的寒气，冻得他们浑身发抖，他们仍旧恭恭敬敬地站在门外等候。过了很长时间，程颐醒过来，这才知道杨时和游酢在门外雪地里已经等了很久，便赶忙叫他们进来，这时候，门外的雪已经积得有一尺多深了。杨时这种尊敬老师的优良品德，受到后世称赞。

知识准备

老师是学生感悟人生、获取知识的引路人。学生对老师的尊重，首先表现为礼节上的尊重，比如见到老师要有礼貌，做到主动热情地打招呼，每次上课前把讲台、黑板擦干净，这些细节都能反映出学生应有的礼仪和素质水平。学生在与老师交往的过程中应尊敬老师，尊重老师的劳动，虚心接受老师的批评教育，严格遵循有关的礼仪规范。

一、尊师基本礼仪

（一）课堂尊师礼仪

（1）课前，课代表或学习委员要为老师做好课前准备，如擦干净黑板、讲台，把教学道具拿到教室等。

（2）上下课时要起立，和老师相互致礼。老师宣布上课时，班长喊"起立"，同学起立站好向老师问好；老师宣布下课，老师向学生告别说"同学们再见"，同学向老师告别说"老师再见"，待老师离开课堂后，学生再自由活动。

（3）课堂上最重要的礼仪是认真听讲，积极思考，不做与课堂无关的事。要情绪饱满，集中精神，和老师一起完成每一堂课的学习。

（4）课堂上老师提问后，学生应该站起来回答，答不上来的问题应礼貌致歉，如说"对不起老师，我还没考虑好"；有疑问向老师提问时，应事先把请教的问题考虑清楚，以便明确地向老师提问；有问题时可以先举手，等老师允许以后，再提问，请教的态度要虚心，不要随意打断老师的讲述。

（5）作业是课堂教学的延伸与教学效果的反馈，学生应该按时、认真、独立地完成各项作业。

（6）铃声响后迟到的同学应先在教室门外喊"报告"，待老师允许后方可进入教室，未经允许不得擅自进入。课堂中如遇特殊情况需要外出，应征得老师同意。

（二）办公室尊师礼仪

（1）作为学生随便出入老师办公室是很不礼貌的行为，唐突造访、冒失进入，会影响老师的正常工作。

（2）进入老师办公室应先敲门或喊"报告"，征得老师同意后，方可进入。如果老师正在开会、接待客人或处理事务，除非是十分紧急的事件，否则不要轻易打断，应有礼貌地等候或稍后再来。

（3）学生进入办公室后，要向在场的老师致意问好，未经老师示意不应随便坐下。如果要找的老师不在，应礼貌地询问其他老师，可根据情况留下简短信息，再道谢离开。与老师交流过程中，要注意说话逻辑，直截了当，不要含糊不清、拐弯抹角,用简练的语言表达意思,这既是一种礼仪,又是文化素质和能力的表现。

(4)不要随便乱翻老师办公桌的物品或资料,这既是对老师的不尊重,也会影响老师工作。

(5)进出办公室的动作要轻,不要大声喧哗,以免影响其他老师工作。事情办完后,应当立即离开办公室,并礼貌与老师告别,如说"谢谢老师,再见!"

(三)其他尊师礼仪

(1)学生在校园内与老师相遇时,应主动向老师问好,如说"老师早上好!",并注意靠右避让,请老师先进出或上下楼梯。

(2)对老师要诚实,勿欺骗老师,虚心听取教诲,诚心接受老师教育。

(3)珍惜老师劳动,完成老师布置的任务,服从老师管理;尊重老师人格,不评头论足。

(4)老师进入宿舍时,应起身让座,老师离开时应起身相送。

拓展延伸

1937年,毛泽东在给徐特立先生的祝寿贺信中写道:"你是我二十年前的先生,你现在仍然是我的先生,你将来必定还是我的先生。"这句话表达了毛泽东对徐特立革命精神的崇高敬意,亦凝聚着一位学生对老师的关心和尊重。

这句话,在60多年后,又出现在另一位学生写给老师的信函中。1999年,在福建工作的习近平,在给初中语文老师陈秋影的回信中这样写道:"尊师敬教是中华民族的传统美德,正如毛主席对徐特立老人所说的那样:您过去是我的老师,现在仍然是我的老师,将来还是我的老师。老师的恩情我是永远不会忘记的。"

时隔60多年,两封写给老师的书信背后,是中国共产党人尊敬师长、虚心求教的一贯作风。

项目四 校园文明礼仪

二、向老师表达不同意见的礼仪

作为学生，应该尊敬老师；作为朋友，应当协助老师。唯命是从不是尊敬老师，向老师表达不同观点未必就是不尊敬老师，关键是怎样给老师提意见，学生向老师表达不同意见时，要注意以下几个方面。

（一）把握时机，分清场合

不论在学习与工作中，还是在日常交际中，我们与人谈话都要注意选择合适的时机和场合，给老师提意见和建议也是如此。一般来说，老师在全神贯注地讲课或讲话时不要打断，如果不是讨论课上的问题，最好不要当面提，因为这样容易打断老师的思路，干扰教学进度，甚至影响其他同学的学习。如果听讲时发现老师讲话有误或有不当之处，也不要马上就发表意见，应该等老师讲课结束后，同学们看书做练习时再举手发问。如果你提的问题有分量，有代表性，老师会把你的意见公之于众，让全体同学注意，以达到共同提高的目的。课上如果没有时间发问，下课后可以继续找老师交换意见。

（二）语气平和，注意方式

人际交往中，交谈的内容固然重要，但交谈的语气和方式也是不容易忽视的，交谈方式和谈话语气往往直接影响谈话的效果和相互间情感的沟通。老师与学生谈话要注意语气和方式，同样，学生向老师提意见，也要注意语气和方式，否则，不利于问题的解决，而且容易引起误解和反感。

（三）坦诚相待，言有分寸

"坦诚相待，言有分寸"是学生和老师交谈问题时应遵守的原则。所谓坦诚相待，就是"知无不言，言无不尽"，如果话到嘴边留半句，老师不能了解实情，就难以找到解决矛盾的正确途径和方法，因而也达不到提意见的目的，可能让老师产生误解；言有分寸，就是在提意见时不要说得太满，太肯定；双方意见不统一时，不要强加于人，要客观表示自己的态度。

（四）口头难言时以书面表达

有些问题不好当面说，或者有些同学不善于面对面提意见，或者有些问题比较复杂，当面说不清楚等，这些情况都可以用书面的形式反映。

三、融洽师生关系的礼仪

融洽的师生关系，孕育着巨大的亲和力。教学实践表明，学生喜欢一位老师，会相应地喜欢这位老师所教的课，并受这位老师在其他方面的影响，学生对老师的情感，可以迁移到学习上。融洽的师生关系，离不开老师和学生两个方面的努力，学生应遵循的礼节主要有以下几个方面。

（一）尊重老师劳动

尊重别人，是文明礼貌的核心。学生要尊重老师，这种尊重不仅是表面礼节上的尊重，即对老师有礼貌，主动问候，做好课前准备，还要尊重老师的劳动，上课认真听讲，积极回答问题，认真完成作业。尊重还包括对老师说话时，语气要温和，语调要平稳，说话时不指手画脚；交谈时，给老师让座，与老师谈话保持端正的身体，双目注视老师，认真听，如图4-3-1所示。对老师的尊重，更要表现为尊重老师的人格。

图 4-3-1

你可以喜欢某位老师，也可以不喜欢某位老师，不喜欢他不等于可以不尊重他，因为尊重不单指尊重个体的人，还包括对他所承担的工作，他所付出劳动的尊重。

（二）坦诚沟通交流

坦诚的关键是诚意、诚恳、真诚，坦诚表现在人与人之间的相互理解和信任上。人无完人，老师在讲课中出现个别差错也是难免的，对于老师教学中的问题，可以用讨论的语气与老师探讨解决的方式，而不应故意刁难挑刺。如果对老师某些班级工作的处理有意见和建议，也可以诚恳地向老师提出。

（三）关心增进感情

所谓"亲其师而信其道"，爱是教育的灵魂，学生是日常跟老师接触时间最多的群体，作为学生，应该学会理解自己的老师，学会关心自己的老师。班级组织的一些活动，除了班主任外，还可以邀请其他老师参加，可进一步增进师生间的感情交流和理解，通过活动可以产生情感上的共鸣，拉近师生间的距离。

拓展延伸

湖南邵阳，课堂上一位怀孕的老师因身体不适突然晕倒，学生们立刻化身"闪电侠"跑上前救老师，还有学生冲出教室寻求其他老师的援助。据了解，怀孕老师当天只有一节课，想上完课再吃早餐，因为低血糖导致晕倒，所幸救助及时，母子平安。事后，学生们还买了糖果，并写着"特供应急用品"放在教室。此事经媒体报道后，网友纷纷表示"孩子们太勇敢了"，"为毫不犹豫冲上前的孩子点赞！"

实训要点

师生交往礼仪操作要点见表4-3-1。

尊师重道感人瞬间

表 4-3-1

项目		内容与要求
尊师基本礼仪	课堂尊师礼仪	课前联系老师，做好课前准备
		上下课起立问好，相互致礼
		课堂安静，注意听讲
		提问时学生应起立回答
		按时认真、独立地完成各项作业
		迟到的同学应待老师允许后进入教室
	办公室尊师礼仪	学生出入老师办公室应提前联系
		进入老师办公室前应先敲门，若有事应礼貌等候
		交流时注意说话逻辑，用简练的语言表达意思
		不可随便乱翻老师办公桌的物品或资料
		进出办公室的动作要轻，离开时主动告别

续表

项目		内容与要求
尊师基本礼仪	其他尊师礼仪	见到老师主动问好、礼让
		对老师诚实，虚心听取教诲
		珍惜老师劳动，服从老师管理
		老师进入宿舍时，起身让座，离开时起身相送
向老师表达不同意见的礼仪		把握时机，分清场合
		语气平和，注意方式
		坦诚相待，言有分寸
		口头难言时以书面表达
融洽师生关系的礼仪		尊重老师劳动
		坦诚交流沟通
		关心增进感情

拓展训练

以"我和我的老师"为主题，再现校园生活中师生相处的点滴，感悟老师的爱与教育。活动作品可以是师生相处的照片、视频，可以是文章，也可以是小品表演。

要求：

（1）小组合作，选择一种形式完成作品，并做课堂展示汇报。

（2）欣赏小组作品，反思个人在尊敬老师方面还有哪些需要改进的地方。

礼仪提升记录表

评价项目	评价内容	分值	学生自评	小组评价	综合得分
尊师基本礼仪	课堂尊师礼仪	10			
	办公室尊师礼仪	10			
	其他尊师礼仪	10			

续表

评价项目	评价内容	分值	学生自评	小组评价	综合得分
向老师表达不同意见的礼仪	把握时机，分清场合	10			
	语气平和，注意方式	10			
	坦诚相待，言有分寸	10			
	口头难言时以书面表达	10			
融洽师生关系的礼仪	尊重老师劳动	10			
	坦诚交流沟通	10			
	关心增进感情	10			
总分		100			
努力方向		建议			

职场礼仪　项目五

项目导语

从校园走向职场，是每一个人实现自我，奉献社会的必由之路。职业是个人融入社会，实现社会价值，承担责任的重要途径。

求职搭建了从校园到职场的桥梁，得体规范的求职礼仪可以帮助我们更好地把握住每一次机会，开始我们的职业生涯。求职成功后，要在职场做得更好、走得更远需要扎实的专业知识、精湛的技能、不断进取的学习与求知，还需要礼仪帮助我们融入社会并获得良好的人际关系与发展机遇。

机会只属于每一个有准备的人。学好专业，练好技能是从业的基本条件，得体的礼仪不仅是个人素质的体现，更是职场畅行的标配。让我们行动起来，面对一切挑战，把就业的焦虑变成未雨绸缪的思考和准备吧。

学习目标

（1）分析个人的特点和优势，结合个人的兴趣做好职业规划，针对性地提高个人的从业能力；

（2）了解日常工作中交往的基本礼仪，通过恰当得体的行为举止展示良好的个人素质；

（3）能够参与组织庆典等仪式活动，了解活动组织的基本知识，出席活动时行为举止要得体。

项目五 职场礼仪

任务一 求职礼仪

任务目标

◆结合自己想从事的职业，分析自身的优势与不足，做好个人从业能力和基本素养的准备；

◆在做好知识能力准备的基础上，能够根据应聘职位的要求进行得体的仪表服饰准备；

◆熟悉求职的基本礼仪，在面试中能够自信、大方得体地表现自己。

任务领航

你以后想从事什么职业，你已经做了哪些准备？请结合自己的职业目标，谈谈自己的优势以及需要努力的方面。

案例品读

丁晓珊是一名中等职业学校毕业的学生，在校期间除了积极参加学生会组织的各项活动外，还通过职教高考，升入大学法律专业继续学习。2019年大学本科毕业时，正赶上当地知名的衡达律师事务所招聘办公室文员，面试后，她得到了试用的机会，最终成为正式员工。

与众多的大学毕业生竞争，并且第一次求职就获得成功，无疑是幸运的。丁晓珊谈起自己成功应聘的经历时，首先肯定简历起了很大的作用，为自己赢得了面试的机会。她当时找了数十份简历的模板，通过恰当借鉴，形成了自己严谨朴实却又清新别致的简历，表述中突出了自己在文字录入和语言表达方面的优势，介绍了自己具备从业优势的实践和学习经验。

面试安排在下午1点开始，所有应聘者在接待室等候面试，有的人紧张得坐立不安走来走去，有的坐在接待室的椅子上呵欠连天，而丁晓珊却拿起旁边书报架上关于该律师事务所的资料仔细研读起来。

面试时，双方在一种自然、平和的状态下进行交流，她在回答面试官问题的过程中，展示了自己在专业学习上的精益求精以及大方得体的谈吐和举止，也给对方留下了兴趣广泛、精力充沛和热爱生活的印象。

知识准备

一、职业生涯规划

职业生涯规划又叫职业生涯设计，是基于个人能力、兴趣和爱好综合分析的基础上，确定最佳的职业奋斗目标，选择这一职业并制定相应的行动方案，对每一步骤做出有效的安排。通俗地讲，职业生涯规划就是：你打算选择什么样的行业、职业，想做出怎样的成就，想过怎样的生活，将如何通过学习和工作达到预想的目标。职业生涯规划内容如表 5-1-1 所示。

表 5-1-1

规划类别	规划内容
自我评价	有效地进行职业生涯规划，首先要正确认识自己，了解自己的兴趣、特长、性格特征等，弄清自己想干什么，能干什么，必须客观认识自身的优势和劣势
确定目标	确定目标是制定职业生涯规划的关键步骤，目标有短期、中期、长期和人生目标之分。目标的确立要全面考虑，立足现实，做到既有现实性又具备一定的前瞻性。短期目标比较具体，是长远目标的阶段性组成部分；长远目标需要经过自身坚持不懈地奋斗才可能实现
职业定位	良好的职业定位，离不开兴趣、性格、特长、专业等方面的优势与职业的匹配。职业定位应依据客观现实，寻求职业目标与自己的潜能以及主客观条件的最佳契合点，扬长避短，以长远的目光看待现实与未来
环境评估	要充分了解环境因素对个人发展的影响，分析职业环境的变化和发展趋势，了解本专业、本行业的地位以及发展趋势，只有立足个人实际并对职业环境客观理性评价，才能更好地确定自己的职业方向
行为管理	确定目标和职业方向后，要制订可行的计划，并付诸实际行动，要把"志当存高远"与脚踏实地结合起来。要在实施中及时评估和反馈生涯规划各个环节出现的问题，找出相应的对策进行调整与完善

职业生涯规划的重点在于职业准备和职业选择,要在物质、心理、知识、技能等方面做好职业准备,根据各方面的分析,客观地对职业做出选择。职业定位之后,对即将从事的职业活动要有一定的合理预期,包括工作性质、劳动强度、工作时间、同事以及上下级关系等,对这些都要做好适应的准备。

二、求职准备

求职应聘其实是一种自我推销的过程,戴尔·卡耐基曾说过:"推销自己是一种才华,一种艺术。"

求职者通过应聘资料、语言、仪态举止、着装打扮等方面体现出来的求职面试礼仪,是求职者在求职过程中应有的礼貌行为和仪表仪态规范,对于能否应聘成功起着非常重要的作用。

求职应聘前要对自己有明确的定位,了解招聘单位和职位的基本情况,然后根据岗位特点制作独具特色的简历;针对具体的应聘要求,结合个人实际做好仪表服饰方面的准备,并且能够在面试中展现得体的谈吐举止。

(一)制作简历

简历是求职的"敲门砖",是求职者与用人单位的"第一次接触"。在众多的简历资料中,那些在30秒内抓住招聘者眼睛的简历会被留下来,大多数简历往往在30秒内就会被搁置一边,缺乏求职者个人特色的简历很难吸引招聘者的注意。简历编写的一般要求如表5-1-2所示。

表 5-1-2

内容	要求
基本形式	(1)有表格形式的,一般是面试时公司让应聘者填写的; (2)自荐信形式的,一般是面试者根据招聘信息主动寄发的
正文内容	(1)个人的基本情况介绍; (2)个人的学历情况概述(主要的学习经历、在校期间获奖情况、爱好和特长、所担任职务等); (3)个人的工作经历或实践经历(介绍曾经工作过的单位名称、职位、个人工作成绩、培训或深造就学情况、工作变动情况以及职务升迁情况)
拟写要求	(1)浓缩个人履历的精华部分,写得简洁精练,真实并突出重点。简历后面,可以附上代表个人成绩或能力的复印件; (2)填写公司面试时提供的表格式简历时要注意字迹工整清楚,尽量避免涂画,表述要条理清晰,注意层次

面试人员没有见到应聘者之前，对求职者形成的印象主要来自简历。简历是自我介绍的媒介，成功的简历应是在最短的篇幅内，提供最多的有价值的并能引起企业兴趣的信息。除非对方要求，切忌篇幅太长，求职者应在简历中通过恰当的表述，充分展现出自己的优势，让招聘方形成"非你莫属"的印象。

作为刚从学校毕业的求职者来说，可以参考众多优秀简历模板，撷取它们在形式和表达上的优点并融会贯通，加入自己的智慧，针对应聘公司的特点，修正简历的内容与表现形式，形成体现自我风格特色的简历。简历模板如图5-1-1所示。

小贴士

外资公司通常对外语水平要求较高，不妨突出自己这方面的专长和经验；日资公司往往喜欢中规中矩的表现方法，比较重视细节，对于简历版面的整洁、视觉的舒服度以及条例式的介绍要求比较高；普通集团式大企业对相关的工作经验要求高，且通常喜欢严谨、简洁大方的语言表述形式；广告公司偏向喜欢大胆创新的表现方法，如果用些有创意或者影像式、表演式的介绍方式往往让简历有较高的识别度，容易引起招聘负责人的注意。简历上的字不要太小，不建议使用小于5号的字体，字间距不能过小过密，同一种简历不要出现超过三种以上的字号、字体以及粗细程度。

除非应聘者对自己亲笔书写的文字很有把握，保证它们的确整齐漂亮，否则使用电脑文档处理是更为稳妥的做法。

目前很多公司倾向于简历无纸化招聘，应聘者要在公司网址按照要求填写电子简历。电子简历相比纸质简历具有更多优势，不容易丢失，所有经历都可以通过网络阅读，人才被录用的机会更多，而且容易长久保存。应聘者填写电子简历时，要注意突出个人的从业优势。使用电子简历要注意以下事项：

（1）最好不要用附件的形式发送简历。

（2）邮件标题应写明应聘的职位，简历应在正文中。

（3）在申请同一公司的不同职位时，最好能发两封不同的电子简历。

（4）在电子简历中一般不要附发表的作品或论文。

（5）发送简历后，要与用人单位保持联络。

图 5-1-1

（二）面试的服饰和仪表准备

第一次见面要给人留下整洁、美观、大方明快之感，如图 5-1-2 所示。主考官往往能通过应聘者的服饰和仪表联想到求职者将来工作时的精神状态。招聘单位不同，对服饰的要求也会有所不同。国家机关要求整洁端庄，涉外单位要求漂亮明快，工厂企业要求朴素大方。总体而言，

图 5-1-2

服饰的基本要求是：整洁、大方、合身、得体，符合季节特点，符合年龄和个性气质，符合应聘职业的要求。

拓展延伸

仪表的基本要求就是：干净、整洁。

仪容修饰要适度，面试前要精心梳理，除去头屑和头饰中闪亮的饰物。如果戴近视眼镜应擦干净镜片，女士一般不留披肩长发，头发盘起或束扎更合适；男士不留长发、不烫卷发，不留胡须，这样会显得非常精干。

仪表修饰要得体，面试时所穿衣服，务必没有污渍、破损，尤其是领口和袖口要干净无瑕。

女士忌过分时尚、怪异、新奇，尤其不要穿露肩、露背、露腰的服装，可选择大方整洁的素雅套装以及肉色长袜、黑色或与套裙配色的中跟皮鞋，首饰佩戴要少。

男士不要穿 T 恤、牛仔裤、运动鞋，最好是合身、穿着舒服但并不昂贵的深色西服、白色衬衫，系单色领带，穿深色线袜、黑色皮鞋。

三、求职面试礼仪

面试，是招聘单位为了更深入地了解求职者的情况，判断求职者是否符合工作要求而进行的招聘人员与求职者之间的面对面接触。礼仪能够体现出一个人的素质，也是用人单位对求职者的考核内容。有时用人单位甚至会安排一些出乎意料的情境，考察求职者在自然状态下的素质和修养，所以求职者不仅要具备良好的礼仪，更需要在平时就养成良好的习惯，做一个生活的有心人。

（一）面试前的礼仪

1. 提前到达

一般来说提前 10～15 分钟为宜。最好在面试前能够去一趟洗手间，再梳理一下头发，整理一下着装，擦拭一下皮鞋，对着镜子给自己一个肯定、自信的微笑。

2. 得体等候

在面试单位与人交谈时要使用礼貌用语。等候期间保持安静和正确的坐姿，不要来回走动，也不要和其他求职者聊天。最好在进入面试单位之前就关闭手机或设置为静音，不宜大声接打电话或忙碌发短信、玩手机游戏，不宜抽烟、嚼口香糖。

3. 轻敲门、慢关门（除非有专人引导）

进入面试房间前要敲门，一般以两三下为宜，如果门是关着的，以里面听得见的力度敲，听到"请进"时，回答"打扰了"方可进门；如果门是开着的，也要先轻轻地敲两三下，获得同意后，再进入房间。进入房间后，不要随手关门，要转过身正对着门，轻轻合上。

4. 学会等待、适时问好

进入面试房间合上门后，回过身面向面试官以上半身前倾30°左右鞠躬行礼，面带微笑问好，然后报上自己的名字。如果进门后面试官正在埋头整理或填写资料，不要贸然和面试官打招呼。有时，面试官会主动要求你等一会儿，要表现出理解和合作，在一旁静候不要东张西望，探头探脑。

5. 正确运用握手礼

面试官主动朝你伸手时，要正确地运用握手礼，如图5-1-3所示。最好不要用两只手去握住面试官的手，这是很不专业的表现。

淑媛养成记之面试礼仪

图 5-1-3

（二）面试中的礼仪

面试中要着重注意以下几个方面，可以在面试前针对以下方面进行有意识的训练。

1. 坐姿

面试官没有招呼你坐之前,不可以擅自坐下。等听到"请坐"时,要回答"谢谢"方可坐下,入座后要注意坐姿。

2. 举止

注意举手投足的礼仪举止,特别要避免一些下意识的小动作,如挤手指关节、玩手指、挠头、摸耳、转笔、掩口等小动作。要避免这些小动作的发生,最好在日常的生活中就注意培养得体的行为举止。

面试交谈时,无论是从卫生角度还是从文明礼貌角度来考虑,都应该与人保持一定的距离,一般与主考官保持1.5米左右的距离比较适宜。这样做,既让对方感到亲切,同时又保持一定的"社交距离",在人们的主观感受上,这也是最舒服的。倘若交谈时忽然想打喷嚏、清喉咙,要转过身,最好是取出手帕或餐巾纸捂住口,之后要表示歉意。

3. 眼神

眼神可以传达一个人的自信,也可以表达出对面试官的尊重。要正视对方,把目光集中在对方眼睛和鼻子之间的三角位置上移动,若有其他面试官在场,说话时眼神也要照顾到他们,注视的时间以停留在问话人脸上 5～7 秒为宜,避免长时间凝视,也不要刻意躲闪或回避面试官的眼神,以免留下不自信的印象。

4. 微笑

保持自然的微笑,能消除紧张、展现自信、提升外部形象,如图5-1-4所示。

图 5-1-4

5. 倾听

认真倾听,适时做出恰当回应,切忌随意打断别人或抢着发言,否则会留下无礼、急躁、轻浮,甚至缺乏教养的坏印象。

6. 谈吐

要从容镇定，有问必答。对于考虑后确实答不出的问题，可以坦率承认；没有经过认真考虑切忌信口开河，文不对题，会给人一种无内涵的感觉；有时面试官考的并不是问题本身，而是你的谈吐和应对。

（三）面试结束礼仪

1. 察言观色，掌握面试收尾的时机

面试是有限定的谈话时间的，求职者要善于从面试官行为的微妙变化，领会面试官的无声语言，判断面试的进程，适时结束发言进行收尾，或留出时机让面试官收尾。要适时告辞，切忌拖延时间。

2. 面试结束时要有礼貌

面试官示意面试结束时，应微笑、起立、道别，表示感谢，拿好随身物品，走到门旁先开门，转过身有礼貌地行鞠躬礼，如图5-1-5所示。再次表示感谢和道别后，转身轻轻退出房间，轻轻将门关上，如有人送，请对方"留步"。

图 5-1-5

3. 离开考场不忘风度

走出面试房间，在走廊和用人单位其他场合时，都要保持安静、礼貌。切忌谈论面试过程，也不能马上打电话，更不要高谈阔论或者垂头丧气。遇到工作人员，主动点头致谢并道别。

4. 面试后不忘感谢

面试后用书信、邮件或者电话表示感谢，费不了多少时间，但很多人意识不到这一点，也许机会就这样错失了。应聘归来后，最好在24小时内发出感谢的书信或邮件，内容要简洁，字迹要清楚，布局要美观，要在开头提及你的姓名及简单情况，然后是面试时间，并对面试官表示感谢，中间部分重申你对该单位、职位的兴趣，重申希望在该单位工作的原因和热诚，也要谈到你在面试中的感受和收获。

实训要点

求职礼仪操作要点见表 5-1-3。

表 5-1-3

操作项目	操作内容	操作要求
求职准备	拟写简历	简历格式规范，内容简洁凝练，突出重点
	服饰和仪表	服饰仪表整洁美观，符合个人气质与招聘职位特点
	了解应聘单位信息，设想可能遇到的问题	对个人有明确的定位
求职面试	提前到达	以 10～15 分钟为宜
	得体等候	保持安静，手机静音
	礼貌进入面试场所	轻敲门，得体应对
	坐姿	允许后入座，占座位 2/3，自然放松，符合性别特点
	举止	得体，避免下意识的小动作
	眼神	适当注视，避免长时间凝视和躲闪
	微笑	自然放松
	倾听	恰当回应，不随意打断
	谈吐	从容镇定，切忌信口开河
	结束时的礼节	礼貌致谢，得体离开

拓展训练

通过报纸、网络或其他途径搜集一则招聘信息，在组内交流基础上选择一个大家感兴趣的工作招聘展开训练。

（1）分析招聘信息中所提供岗位的要求以及个人具备的条件和优势。

（2）思考求职前，应该做好哪些方面的准备。

（3）拟写个人简历，在小组内交流并修改。

（4）根据招聘启事的岗位特点，结合个人条件进行着装和仪表方面的分析与

项目五　职场礼仪

准备，组内交流并改进。

（5）分组模拟表演面试的情境。

提示：

（1）参与训练的同学可以分成两组，轮流担任面试人员和应聘人员。

（2）面试小组可邀请有经验的教师或工作人员参加，应首先提出面试情境设计的方案，明确面试的内容和主要问题以及各成员的分工。

（3）不同面试小组独立准备面试方案，方案能够对面试人员的简历、服饰仪表、面试中的谈吐进行恰当的评价与反馈。

（4）应聘人员应针对职位的要求，准备简历、仪表与服饰，并对面试中可能涉及的问题以及有关礼仪进行针对性的准备。

礼仪提升记录表

评价项目	评价标准	分值	自评分	小组评分	综合得分
简历	格式规范，内容突出个人优势，有创新，符合职位要求	10			
仪表与服装	服装整洁大方，符合职位特点	5			
	仪表修饰得体，自然美观，体现职业特点	10			
面试礼仪	提前到达，礼貌等候	5			
	礼貌进入面试场所	10			
	坐姿端正，自然	10			
	举止得体，有礼貌	10			
	眼神适当交流，不慌张	10			
	微笑自然，适度	10			
	倾听认真，抓住要点	10			
	谈吐紧扣面试，展现个人优势，优雅得体	10			
	总分	100			
努力方向		建议			

任务二　办公室礼仪

任务目标

◆立足专业学习的实践，逐步形成从业意识，做好就业的准备；

◆能够通过职场恰当得体的行为举止展示良好的个人素质；

◆遵守与同事相处的礼仪和禁忌，在工作中建立良好的互动关系，共同营造积极健康的工作氛围。

任务领航

当你走上工作岗位后，你认为有哪些方法可以帮助自己与同事形成良好的人际关系？

案例品读

衡达律师事务所的同事们都知道，丁晓珊的办公桌面绝对是最有特点的：桌面整洁，文件放置条理，领导需要的材料总能顺手就拿出来，相关的专业书籍整齐地摆放在旁边的书架上，办公桌旁的窗台上一盆观叶植物总是嫩绿而又充满生机。自从丁晓珊来了以后，办公室的公用冰箱内物品摆放整齐，再没有出现清洁不及时、发出异味影响使用的情况；同事需要帮忙的时候，在不影响本职工作的前提下她都能及时伸出援手。平时对待领导和同事的肯定与赞扬，她没有露出半点自负和骄傲之态，能以学习者的心态在工作中积累经验，提升自己。同事们都说她的到来直接提升了大家的生活质量。

知识准备

"人无礼则不立,事无礼则不成",办公室是从业人员的工作场所,空间不大,却是一个大的公众环境,一言一行,都体现了个人的自尊、才华、自信和发展状况。办公室礼仪是提高个人素质和单位形象的必要条件,是个人立身处世的根本,是人际关系的润滑剂,是提高个人竞争力的加分项。

一、办公室基本礼仪

人人都希望有一个愉快的工作环境,愉快的工作环境有助于事业的成功。美国著名的成功学大师戴尔·卡耐基曾经说过:"一个人事业上的成功等于15%的专业技术加上85%的人际关系和处事技巧。"遵守办公室的基本礼仪,无疑是工作中不可缺少的技巧,个人可以从以下几个方面做起,展示良好的从业素质。

(一)保持环境整洁有序

办公室是日常办公和洽谈业务的场所。整洁、舒适的办公环境能够为自己和他人形成良好的心理暗示,有助于产生愉悦的心情。不要在个人办公桌上堆放太多的物品,要做到办公物品有序摆放,保持地面干净(见图5-2-1),养成整理桌面的习惯,还要积极参与公共环境的清洁与保持。

图 5-2-1

(二)遵守工作纪律

迟到是工作的大忌,上班前应该把诸多影响按时到岗的因素考虑在内。上班的时间应该是开始工作的时间,而不是进门的时间,一般要提前10分钟到岗。

上班经常迟到是缺乏敬业精神的表现,作为一个尽职的员工,比上司提前到岗是更得体的做法。

上班时间不做与工作无关的事,私人事情不仅占用工作时间,甚至还会影响到自己的工作职责,是很不负责任的职场表现;更不能因为个人的私事,打扰公司其他员工的工作,或者因为私事占用公用设施影响其他人的工作进度和效率。

(三)塑造专业的个人形象

与工作环境匹配的个人形象,体现的是一个人的专业度。形象体现一个人对自己的定位,影响到个人的心理状态,也间接对别人形成心理暗示。

西方学者雅伯特·马布蓝(Albert Mebrabian)教授指出:在一个人的整体表现上,言语的表达只能引起其他人7%的注意,说话的语气和肢体语言,却具有38%的影响力;体态语和表达的内容是否相称,则是占55%的决定因素。由此可以看出,掌握93%的形象管理,就能够将一个人的内在专业度展现出来。穿着邋遢、过分修饰、在办公室内化妆都不是恰当的形象管理策略。

有一项男性主管穿衣对其管理影响性的调查:参与调查的主管分成两组,一组穿短袖衬衫上班,一组穿传统的长袖衬衫。结果显示,穿长袖主管的秘书,上班认真程度远高于穿着短袖衬衫主管的。这项调查结果从侧面反映出个人着装对他人的影响力。

二、公共设施的使用礼仪

(1)使用电梯时,要遵守上下电梯的礼仪。搭乘专人控制的电梯,礼让他人,不要抢。搭乘无人控制的电梯时,若先行进入电梯,应一手按开门按钮,另一手按住电梯侧门,请他人进电梯;如果有人为你扶电梯门,则要道谢,进入电梯后可以帮忙按下他要去的楼层按钮。搭乘电梯,如果后下,则应站在电梯靠里一点的地方比较合适。

(2)使用楼梯时,要右行礼让,在楼梯上不便交谈的事项,最好到目的地以后再交流，可以避免让他人尴尬，或影响正常的行进。

（3）使用会议室时，如果桌面或地下脏乱，离开时应清理干净，使用的物品要放回原位，摆放整齐，如图 5-2-2 所示，饮料纸杯等要放入垃圾桶。

图 5-2-2

（4）使用传真机等公用办公设备时要节约爱惜，注意先来后到的使用顺序，使用完毕，应带走个人原件，有关物品要回复原位，清理并带走产生的垃圾。

（5）公共空间使用后要保持清洁，不要乱扔垃圾，也不要在公共场合抽烟，影响他人健康。不要在公用空间高谈阔论，不要议论公事或议论别人。

小贴士

（1）将手机的声音调低或调成振动，以免影响他人；打电话时尽量放低声音，如果是私人电话，尽量缩短通话时间。

（2）不私自翻动其他同事桌上的文件资料，不查阅他人电脑、传真机上与自己无关的任何资料。

（3）男士不在办公室抽烟，以免污染环境；女士尽量不在办公室里化妆、涂指甲，不穿过分性感的衣服。

（4）在办公室里见到同事或是来访者要微笑示意。

（5）不在办公室里制造流言蜚语或传播小道消息。

三、办公室同事交往礼仪

一天的工作中，大部分时间要和同事在一起，同事之间相处得如何，不仅对工作环境有影响，还直接关系到自己的工作、事业的进步和发展。同事关系融洽、和谐，大家就会感到心情愉快，有利于工作的顺利进行，如图5-2-3所示。

图 5-2-3

同事之间难免存在合作与竞争的关系，同事关系往往具有微妙、复杂的特点，遵循同事间的交往礼仪，对工作和生活都会有积极的影响和帮助。

（一）主动招呼，得体称谓

进出办公室要主动与同事打招呼，忌绰号等不合适的称谓，办公室相处除非特别亲密，除非是褒义且本人又喜欢的绰号，否则尽量不用为好；不要称兄道弟或以肉麻的话称呼别人。好的称谓，不仅能够给人留下鲜明的印象，也能营造良好的气氛，还能判断人与人之间的亲疏远近程度，不能小看称呼的社交效应。

办公室相处之道：
尊重与沟通

同事之间直呼其名是最亲切、常用的一种称呼，但只限于长者对年轻人或者关系亲密的人。年纪较小的人对年纪较大、职务较高的人直呼其名是没有礼貌的，可称"老李""老王"或以职务相称。

与同事相处中，应该学会主动向同事们问候，不要事事都通过网络进行沟通。为了不打搅别人工作而不与同事进行面对面的交流，是一种错误的隐身，可能会让你逐渐从同事中孤立出来，也无法引起上司对你的足够注意。

（二）以诚待人，真诚合作

工作中要有团队精神，真诚合作，相互支持，共同做好工作。同事交办的事情要认真办妥，诚实守信，如自己办不到，应诚恳地讲清楚。

日常相处中，对同事要宽容友善，要明白"人非圣贤，孰能无过"的道理。同事间要真诚相待，相互理解，这样的办公集体，才能成为每个人都心情舒畅的大家庭。同事有困难时，应主动询问，伸出援手；请求同事帮忙时要委婉不强求；同事受挫时，应沟通以消除误解；对同事的错误要能容纳，耿耿于怀对人对己都无益处；对年长的同事要多学多问，对年轻的新人要多帮助、多鼓励。

（三）公平竞争，权责分明

同事间有合作也免不了竞争，应提倡在工作上多进行公平竞争，促进工作的开展；在物质利益和日常琐事中则要少竞争，更不能贬低同事抬高自己，甚至踩着别人往上爬。与同事相处应坚持尊重、配合的原则，明确权责，尽量施展自己的才华，但不轻率侵犯同事的业务领域。不要过分表现自己，更不要组建自己的小团伙，制造流言蜚语中伤竞争对手。做事要尽力而为，量力而行，踏踏实实做好本职工作，不让别人有诋毁自己的机会，努力创造更多与同事沟通的机会，增加同事间的感情，合作中实现良性竞争，如图5-2-4所示。

图 5-2-4

（四）言谈得体，注意沟通

在办公室与同事进行适当的交流是可以的，但上班时间的闲聊必须有一定的分寸。如果你花太多的时间与同事聊天，就会给人留下一种无所事事的印象，同时还会影响同事工作。

与同事交谈时，一定要注意把握分寸，有些话题在交谈时要尽量避免，如薪水问题、私人生活问题、野心勃勃的话题以及涉及家庭财产之类的话题。

工作场合要保持良性的情绪，即使遇到挫折、饱受委屈、得不到上级信任，与同事交谈也不要满腹牢骚，不要把痛苦和经历当作谈资，这样会让人退避三舍；谈论自己和别人时，不要滔滔不绝，要观察对方反应来决定谈话是否继续。工作场合不要说悄悄话，影响人们的工作情绪，也容易招致反感。与同事相处时，不要得理不饶人，喜欢在嘴巴上占便宜、争上风，这样不利于同事间的交往。一个好的倾听者才是一个好的谈话者，善于倾听表现出的是尊重和关心，善于倾听的人能拥有最多的朋友。

处理好复杂的同事关系，必须懂得尊重他人。要尊重同事的隐私，隐私是关系到个人名誉的问题，背后议论别人的隐私会损害其名誉，可能造成同事间关系的紧张。同事在写东西、阅读书信，或打电话时，应避开，做到目不斜视，耳不旁听。同事不在或未经允许的情况下，不要随便动用他人物品，如果确属急用，最好让其他同事看到或留个便条致歉。

小贴士

同事之间相互借钱、借物、馈赠礼品或请客吃饭，往往是同事交往中常有的事情。同事间的经济往来要记录清楚，提醒自己及时归还或答谢，无论有意或无意占人便宜都可能伤害同事间的关系。

实训要点

办公室礼仪操作要点见表5-2-1。

表5-2-1

操作项目	操作内容	操作要求
办公室基本礼仪	保持环境整洁有序	整洁、舒适，忌堆放物品
	遵守工作纪律	守时，至少提前10分钟到达，不做私事
	塑造专业的个人形象	通过言语、行动、仪表体现专业度
公共设施的使用礼仪	使用电梯	注意礼让，为他人提供便利；得到他人的帮助时要致谢
	使用楼梯	右行礼让，同行时注意交流的话题
	使用会议室	离开时清理干净，物品归放原位，摆放整齐
	使用公用办公设备	节约爱惜耗材，注意先来后到的顺序，且应将物品放回原位，将垃圾带走
	使用公共空间	不乱扔垃圾，不抽烟，忌喧哗
办公室同事交往礼仪	主动招呼，得体称谓	忌不合适的称谓，忌错误隐身
	以诚待人，真诚合作	有团队精神，相互支持，宽容友善
	公平竞争，权责分明	忌贬低同事抬高自己，不玩小聪明，合作中良性竞争
	言谈得体，注意沟通	适当交流，注意分寸，避免不合适的话题，保持良性情绪，善于倾听

拓展训练

（1）检查自己的桌面是否整洁、材料是否摆放有序，个人所用空间的地面墙面是否整洁，反思自己是否注意个人空间的整洁，发现存在的问题并整改。

（2）情境表演。

一天中午，一名员工大声喊："办公室的冰箱坏了！大家看看自己存放的物品坏了没有？"从那天起，大家都知道冰箱坏了，却没有人清理掉已经变质的东西。过了一个星期，有外宾来访，陈秘书去拿饮料招待客人，他一打开冰箱就闻到一股臭味，大声问道：是谁的东西没有清理？此后的一段时间，冰箱成了办公室的废物。

提示：分角色表演以上情境，可以再现情境，可以创新形成新的情境，体会实际工作中的办公室礼仪，思考怎样做一个受人欢迎的职场人士。

礼仪提升记录表

评价项目	评价标准	分值	自评分	小组评分	综合得分
办公室基本礼仪	办公环境整洁、干净、有序	15			
	着装修饰得体，遵守工作纪律，保持良好职业形象	20			
公共设施的使用礼仪	注意礼让，遵守秩序；不喧哗影响他人工作	20			
	维护公用区间的清洁	15			
办公室同事交往礼仪	称谓恰当	10			
	礼貌待人，言谈得体	10			
	注重合作与沟通	10			
总分		100			
努力方向		建议			

任务三　商务庆典礼仪

任务目标

◆ 能够根据活动主题的要求，参与庆典活动的组织与接待工作；
◆ 通过得体的行为举止塑造自身和组织的良好形象；
◆ 出席庆典活动时行为举止得体。

任务领航

你是否参加过企业或者其他社会组织的庆典活动？这些庆典活动中你印象最深的是什么？你认为这种庆典活动对企业或社会组织有什么作用？

案例品读

香港回归庆典中，首都庆祝活动的策划与组织者以隆重的庆典仪式留下了香港回归记忆中的壮丽华章。

1997年7月1日，香港结束英国150多年的殖民统治回归祖国，这是中华民族历史上令全体中国人民扬眉吐气的百年盛事，首都北京举行了盛大的庆祝联欢、庆祝大会和庆祝演出。在香港回归一年前，首都庆典活动的策划、准备工作就紧锣密鼓地开始了。根据中央的精神，计划举行两场大的庆祝活动：1997年6月30日晚10时，在天安门广场举行10万名首都各界群众参加的迎接香港回归联欢晚会；7月1日晚8时，在工人体育场举行隆重的庆祝香港回归大会，中央领导出席并发表重要讲话，之后是文艺团体、高校学生和武警官兵参加演出的大型团体歌舞表演。

项目五 职场礼仪

1997年6月30日晚，在天安门广场举行的庆祝活动以群众联欢为主，以文艺演出为辅；7月1日晚8时工人体育场的庆祝大会中大型团体歌舞演出，是整个庆典活动的重中之重。

参与庆典活动的相关人员，周密筹划并大胆创新：改变以往平面设计为主的场区设计，总体设计成背景翻板区和实景区两个场区，相互映衬和呼应，形成全新的视觉感受。音响、乐曲的编制中，编导人员把孙中山、毛泽东、邓小平等伟人的原声录音串联于解说之中，还把林则徐、关天培等近代民族英雄的形象搬到了舞台上，现代电、光、声手段的奇巧运用，产生了全新的视觉和听觉效果。

时任国家领导人钱其琛在观看预演时评价这台演出"主题鲜明、气势恢宏、创意新颖、技术先进"。当晚工人体育场的演出不负众望取得了空前的成功，为观众留下了深刻的印象，参加庆典的一位荷兰记者说，这是他"有生以来绝无仅有的、在这么大的广场上所看到的、用歌舞讲述的一个纵贯百年的故事"。

知识准备

庆典活动是社会组织针对某些具有重大纪念意义的日子或事件举行的礼仪活动，旨在向社会各界展示组织形象的一种行为。庆典活动的规模与气氛往往代表着组织的实力与风范。成功筹备组织好庆典活动，往往能起到回顾历史、总结经验，展示成就、提升形象，凝心聚力、促进发展的良好作用。成功的庆典活动还可以增强全体成员的凝聚力和荣誉感，提升组织的知名度。遵循必要的庆典组织礼仪和参加礼仪，有利于庆典活动各项工作有序开展，并且能够通过出席人员得体的行为举止宣传组织、树立良好的公众形象。

香港回归22周年庆祝活动

一、庆典活动的组织礼仪

庆典活动是各种庆祝仪式的统称，综合活动内容来看，主要有四类：第一类是周年庆典；第二类是荣誉庆典；第三类是业绩庆典；第四类是发展庆典。庆典活动的宗旨一般是塑造组织的形象、显示组织的实力、扩大组织的影响。确定庆典活动的出席者、来宾接待、现场布置、庆典程序等环节要遵守一定的礼仪规范。

（一）确定主题，选择合适的形式

庆典活动应该精心设计，内容和形式均应服务于活动的主题，并根据实际情况制定方案，明确分工，充分考虑各种细节。不仅要办出特色，还要综合人力、物力和财力的实际情况，从组织的需要和公众的需要出发进行统筹安排。

> 1997年7月1日晚8时，工人体育场隆重地举行了庆祝香港回归的大型活动，晚会主题及表现形式如下：第一是充分展示中华民族怎样从一个任人欺侮的民族变成强大的民族，说明祖国的强大促成了香港的回归；第二是展示香港人民创造了自己的文明，成为闻名世界的"东方之珠"；第三是展示香港同胞的思归之情。为了表现晚会主题，创作人员最终确定以"火、水、土"三部分作为晚会的主体结构。"火"篇：主要表现当年帝国主义侵略中国的屈辱历史，是他们把战火烧到了中国，同时中国人民的抗争意识也用"火"来表现；"水"篇：表现的是一种柔情，借中华白鳍豚每年都要回长江产卵这一现象来反映香港同胞的思乡之情；"土"篇：捧回了一把香港的热土，融入中华民族的五色土之中，表现了祖国的统一和领土的完整。

（二）确定出席人员并发出邀请

要围绕活动宗旨确定名单，一般会邀请上级领导、社会名流、大众传媒、合作伙伴、社区单位、公司员工等，要考虑到出席者的实际情况，活动邀请应不会让对方为难，也不应当找人充数。出席名单确定后，应及早发出邀请，请柬最好在举办活动前3天到达出席者手中，请柬中应写明庆典原因、方式、时间和地点，特别的宾客还要采用电话等方法进行双重邀请，并掌握来宾的出席情况。除非万不得已，庆典活动一旦确定发出邀请后，不应取消、改期或延期。

（三）做好来宾接待

相比较一般商务交往的来宾接待，对于参加庆典活动的来宾接待工作，更应突出礼仪性。不但应当热情细致地照顾好来宾，还应当通过接待工作，使来宾感受到主人真挚的尊重和敬意。应当成立专门的接待小组，接待人员在统一礼宾培训基础上做好以下工作：迎送、引导、有关来宾的陪同、来宾的招待，如图 5-3-1 所示。

图 5-3-1

（四）注意现场布置

庆典活动现场的安排、布置是否恰当，直接关系到庆典留给全体出席者的整体印象。根据庆典礼仪的要求，组织员工布置庆典现场时要注意以下几个方面。

1. 地点的选择

结合庆典和规模、影响力以及本公司的实际情况来决定，在室外举行庆典时，要避免噪声影响周边，妨碍交通或治安，避免顾此失彼。

2. 环境的美化

反对铺张浪费的前提下量力而行，形式要适度。

3. 场地的大小

现场并不是越大越好，应根据出席者的人数确定大小，避免拥挤导致人心烦乱，也要避免过大产生冷清的感觉。

4. 音响的准备

供来宾讲话使用的麦克和传声设备应确保没有问题，庆典前后播放的音乐应仔细审查，避免喧宾夺主或负面影响。

（五）明确庆典活动的程序

庆典活动的成功与否和程序安排有密切关系。整个活动的时间不适合太长，一般以一个小时为限，避免过长，不仅是为了保证效果，也是对全体出席者尤其是来宾的尊重，活动的程序也不要过多，以免分散出席者的注意力并给出席者留下凌乱的印象。常规来看，庆典活动大致包括以下程序：

1. 预备工作

引导来宾就座，介绍参加庆典活动的嘉宾。

2. 宣布庆典正式开始

一般是全体起立，奏国歌，如果公司或者企业有本单位的歌曲，可以在国歌后演奏本单位的歌曲；还可以有升国旗、升企业旗的环节，借以激发大家的热情和自信心，展示企业训练有素的形象。

3. 主人致辞

一般是本单位主要负责人致辞，内容是对来宾表示感谢，介绍庆典的缘由，重点是捷报，突出可庆祝之处。

4. 嘉宾讲话

出席庆典活动的上级主要领导、协作单位及社区关系单位等，均应有代表讲话或致贺辞，主办方要与讲话嘉宾提前约定好。

5. 专项活动

根据实际情况可安排文艺演出，组织来宾参观、宴请等活动。这些活动可有可无，应当慎选内容，不要有悖于庆典的主旨。

二、参加庆典活动的礼仪

举行庆典活动之前，主办单位应当对全体员工进行必要的礼仪教育，规定好有关事项，避免因为精神面貌不佳，举止行为不当，形成对组织形象的"负面宣传"。应邀参加庆典的人员，应当以自己得体的举止表达对主人的敬意和对庆典的尊重。

（一）庆典活动主办方人员礼仪

1. 仪容整洁

注重自身仪容的修饰，做到干净整洁。男士要刮净胡须，避免蓬头垢面；女士化淡妆，不戴式样夸张、数量繁多的首饰。

2. 规范服装

主办方出席人员应统一着装。有统一式样制服的单位，应要求以制服作为本公司人士的庆典着装。无制服的单位应规定出席者穿礼仪性服装，如深色的中山装或西装套装、套裙，不可穿着休闲装或运动装，如有可能，本公司出席者的服饰统一起来，是最好的选择，如图 5-3-2 所示。

图 5-3-2

3. 遵守时间

主办方人员应提前或准时抵达活动现场，如果庆典的起止时间已有规定，则应当准时开始，准时结束。

4. 态度友好

主办方所有参与人员都应对来宾态度友好。遇到来宾，要主动热情地问好，对来宾提出的问题，应立即给予友善的答复，当来宾需要帮助时，积极友善地提供帮助。

5. 行为自律

严格要求自己的举止，确保典礼的顺利与成功，不因言行失当而有损本单位形象。主办方人员要严肃认真地参加庆典活动，来宾致辞后应主动鼓掌表示感谢，如图 5-3-3 所示。不迟到、不随便缺席或中途退场，言行举止都要考虑到自己代表的是单位形象。

6. 发言凝练

单位员工代表在庆典活动中发言时要注意四个方面：一是上下场要沉着冷静，走向讲坛要不慌不忙，不要疾奔或慢吞吞地，开口说话应平心静气；二是讲究礼貌，发言开始，勿忘得体称谓和问好，提及感谢对象时

图 5-3-3

应目视对方,在表示感谢时应郑重地欠身施礼,讲话结束后应说"谢谢大家";三是发言一定要在规定的时间内结束,宁短勿长,不要随意发挥;四是少做手势,尤其是含义不明的手势在发言中要杜绝使用。

(二)作为嘉宾参加庆典的礼仪

1. 仪容整洁

参加庆典仪式的嘉宾,仪容要整洁,并做适当修饰。整洁的仪容不仅可以体现嘉宾的修养和素质,也表达了对主办方的敬意和对庆典本身的重视。

2. 着装规范

男士应穿深色系的正式中山装套装或西服套装,女士应穿颜色素雅的西服套裙或连衣裙,且保持服装干净、整洁,不能穿便装出席。

3. 准时到场

嘉宾应准时到场,不应无故缺席或中途退出,如有特殊情况不能到场,应尽早通知主办方,给主办方做好相关变更的准备时间。

4. 态度认真

应认真参与庆典的每一个程序,不乱走、乱转、与周围人说悄悄话,不做与庆典无关的事,不要做出对庆典毫无兴趣的姿态。嘉宾在致贺词时应准备或熟悉发言稿,注意遣词造句,不说与庆典场合不符的言语。

商务庆典礼仪操作要点见表5-3-1。

表5-3-1

操作项目	操作内容	操作要求
组织礼仪	活动主题	主旨明确,形式恰当
	出席人员	发出邀请并落实出席情况
	现场布置	选择合适的地点,适当美化,并做好音响等方面的准备
	活动开展	准备充分,有序进行

续表

操作项目	操作内容	操作要求
出席礼仪	仪容整洁	男士忌蓬头垢面，女士化淡妆，首饰佩戴得体
	服装规范	男士着深色系的正式中山装套装或西服套装，女士应穿颜色素雅的西服套裙或连衣裙；主办方最好统一着装
	遵守时间	参加人员应提前或准时抵达活动现场，活动要按时开始和结束
	态度认真	主办方人员做好本职工作，注意树立单位的良好形象；受邀参加人员忌做与活动无关的工作
	发言凝练	充分准备，沉着上场，礼貌发言，忌随意发挥和拖延时间

拓展训练

××酒店目前升格为五星级涉外酒店，并将迎来30周年店庆，公司决定举行一场大型庆典活动来进一步提高酒店的知名度。作为酒店经理助理的李敏全权负责本次庆典活动的策划组织工作。

要求：

（1）以组为单位帮助李敏设计一套完善的庆典活动方案。

（2）根据拟定好的活动方案，创设相关情境，模拟表演整个庆典活动的组织与接待工作，可以针对各项工作的开展情况录像，组织组内人员进行交流和分析。

礼仪提升记录表

评价项目	评价标准	分值	自评分	小组评分	综合得分
庆典组织礼仪	围绕活动主题，确定出席名单，掌握来宾出席情况	10			
	地点选择恰当，环境装饰符合活动需要，忌铺张浪费	10			
	方案细致，分工明确，活动程序合理	10			
	庆典的音响和其他设备准备充分，考虑周全	10			

续表

评价项目	评价标准	分值	自评分	小组评分	综合得分
接待礼仪	接待工作准备充分，人员分工明确，接待礼仪规范	10			
	接待人员热情周到，着装统一	10			
出席礼仪	仪表整洁	10			
	服装规范	10			
	按时出席	10			
	态度认真，举止得体	10			
总分		100			
努力方向		建议			

任务四　商务宴请礼仪

任务目标

◆ 了解中餐的相关礼仪规范，懂得中餐宴会的桌次和座次；

◆ 了解西餐的礼仪规范、座次席位安排；熟悉西餐餐巾、餐具的使用方法；

◆ 了解中西方的基本餐饮礼仪，能够根据实际情况，制订适宜的宴请计划；

◆ 能够通过恰当的宴请礼仪表达诚意与热情。

任务领航

你参加过哪些正式的宴请活动，当时注意遵守了哪些礼仪？

案例品读

环宇公司今晚要正式宴请美国最大的客户 Fresh 公司，答谢他们一年来的合作与支持，Fresh 公司中国区总裁张明等一行人将参加晚宴。孙丽已按照王总的要求，认真制订了宴请计划，拟定了宴会日程，提前发出了邀请函，并安排好了酒店和菜单。

当天上午9:30，孙丽再次落实了酒店的宴会厅和菜单，为晚上的正式宴请做好准备。她统计宾主双方共有8位，安排放好了桌卡。下午6:00，孙丽提前半个小时到了酒店，检查晚宴的安排情况并在现场做好准备工作。她找到领班经理，再次讲了重点事项，并和他一起仔细检查相关工作的准备情况。

孙丽摆放桌卡时，虽然知道相关礼仪知识，为了慎重从事，征求了领班经理的意见，她把王总的桌卡放在主人位上，再将对方张总裁的桌卡放在主人位子的右手边……

晚宴的一切准备工作就绪，孙丽看了看时间还差一刻钟，就到酒店的大堂内等候。王总一行提前10分钟到了酒店门口，孙丽送他们到宴会厅时简单汇报了安排，随即又返回酒店大堂，并将准时到达的客人引导至宴会厅。

晚宴顺利进行着，宾主双方笑逐颜开，当领班经理带领服务员像表演节目一样端上本地特色菜肴时，客人由衷称赞道，"你们的工作做得真细致。"

知识准备

一、商务宴会的准备礼仪

（一）制订宴请计划

1. 确定宴请目的

宴请的目的多种多样，可以表示欢迎、欢送、答谢，也可以表示庆贺、纪念、节庆聚会、工作交流、会议闭幕，还可以是为某一事件、某一个人等。

2. 确定宴请的对象和范围

应当事先明确宴请哪些人，宴请多少人。要了解主宾的身份、国籍、习俗、爱好、禁忌等，确定宴会的规格、地点、菜系等。

3. 确定时间

确定正式宴会的具体时间，要讲究主随客便；主人不仅要从自己客观能力出发，更要优先考虑被邀请者，特别是主宾的实际情况。如果可能，应该先和主宾协商一下，可以提供几种时间上的选择，方便主宾的选择，也更能表示自己的诚意。一般来说，宴会的时间不应与宾客工作、生活安排发生冲突，通常安排在晚上 6:00—8:00，同时还应注意在宴请时间上要尽量避开对方的禁忌日。

4. 选择地点

宴请的地点，要根据主人意愿、邀请的对象、活动性质、规模大小及形式、商谈的内容等因素来确定。一场宴会，少则十几人，多则上千人，要想让一种宴会环境满足所有赴宴者的心理要求是很难的，这就要求我们在尽量满足大多数赴宴者的客观要求的同时，侧重迎合少数特殊人物的心理要求。当主宾的地位、身份、影响高于主人时，以主宾为主；当主宾的身份、地位低于主人时，则要以主人为主；会议宴请，要以会务组人员及大会主席为主。

为了表示主人对客人的尊重，宴请可选在传统名店或星级饭店，甚至专门选在四星级、五星级饭店中进行；为了显示主人的热情和主客之间亲密无间的情谊，有的宴请也可以安排在主人家里；为了尊重少数民族客人的民族习惯，有的宴请也选择在民族饭店举行。

5. 告知宾客宴请活动的主题

应提前告知宴请活动的主题，比如欢迎、庆祝、纪念、答谢等，让来宾了解宴请的大概内容，便于安排赴宴。

（二）落实宴会事宜

1. 发出邀请

宴请活动一般先发邀请，邀请的形式有两种，一种是口头邀请，另一种是书面邀请。口头邀请是当面或者通过电话把活动的目的、名义以及邀请的范围、时间、地点等告诉对方，然后等待对方答复，对方同意后再做活动安排。书面邀请也有两种方式，一种是比较普遍地发"请帖"，还有一种就是写"便函"，这种

方式目前使用较少。书面邀请应注意以下礼仪。

（1）掌握好发送时间。

国内一般按被邀请人的远近，以提前3～7天为宜。过早，客人可能会因日期长久而遗忘；太迟，客人措手不及，难以如期赴约。

（2）发请柬的方法。

请帖上面应写明宴请的目的、名义、时间、地点等，然后发送给客人。请帖发出后，应及时落实出席情况，做好记录，安排并调整席位，即使是不安排席位的活动，也应对出席率有所统计。

 拓展延伸

西餐宴请的准备过程和中餐类似，要根据宴请的对象和目的制订计划，确定宴请的规格，根据客人的喜好预定餐厅，确定菜单等。

如果要去参加西餐宴请，则应做好以下准备。

1. 仪容仪表

按照国际惯例，正式的宴请活动，会在邀请函上注明着装要求，如"黑领结""白领结"，赴宴时，应当按照邀请函的要求着装。一般的宴请，虽不对服装提具体的要求，一般也应穿得体的正装，即使是昂贵的休闲服，也不能作为赴宴的服装。男士穿戴要整洁，女士要穿晚礼服或套装和有跟的鞋子，并根据宴请的正式程度适当化妆。如果指定穿正式服装，男士必须打领带；赴宴前，男士还应整理仪表、理发、修面。

着装得体，仪表干净整洁，端庄大方，不仅能体现自己的形象美，也是对东道主和其他赴宴客人的尊重。

2. 遵守时间

一般西餐厅的营业时间为午餐从十一点半至下午两点半，晚上六点半后开始晚餐，如果客人早到了可以先在酒吧稍候，然后再进入主餐厅。

出席西式宴请，应该按照约定的时间到达。如果到主人家赴宴，到达的时间不宜过早，否则会让主人因为没有准备好而措手不及。西式宴请到达的时间一般是准时到达或者提前1～2分钟到达，如果迟到了，应和主人说明情况并表示歉意。

2. 确定菜单

菜单的确定对宴请的成功至关重要，菜单的安排不能马虎，在宴请前，主人需要事先对菜单再三斟酌。确定菜单的时候，要了解客人的喜好和禁忌，要着重考虑哪些菜可以选用、哪些菜不能选用。一般情况下，优先考虑的菜肴有"三特一拿手"（见表5-4-1）。

表 5-4-1

特色菜	菜品	特殊意义
中餐特色的菜肴	如炸春卷、煮元宵、蒸饺子、狮子头、宫保鸡丁等	具有鲜明的中国特色，受到很多外国人的推崇
本地特色的菜肴	如西安的羊肉泡馍、湖南的毛家红烧肉、上海的红烧狮子头、北京的涮羊肉	在当地宴请外地客人时，上特色菜，要比千篇一律的生猛海鲜更受好评
本餐馆的特色菜	餐馆一般都有自己的特色菜	上一份餐馆的特色菜，能说明主人的细心和对被邀请者的尊重
主人的拿手菜	举办家宴时，主人可当众露上一手，多做几个自己的拿手菜	拿手菜不一定十全十美，只要主人亲自动手，足以表达尊重和友好

3. 确定桌次

在中餐宴请活动中，往往采用圆桌来布置菜肴、酒水，圆桌排列的尊卑次序，有下面两种情况。

第一种情况，是由两桌组成的小型宴请。这种情况，又可以分为两桌横排和两桌竖排的形式，如图5-4-1所示。桌次的尊卑次序根据正门的位置来确定，当两桌横排时，以左为尊，以右为卑。当两桌竖排时，桌次讲究以远为上，以近为下。

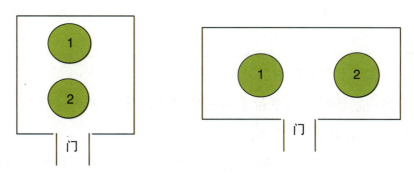

图 5-4-1

第二种情况，是由三桌或三桌以上的桌数所组成的宴请。在安排多桌宴请的桌次时，除了要注意"面门定位""以右为尊""以远为上"等规则外，还应兼顾其他各桌距离主桌的远近，如图5-4-2、图5-4-3所示。通常，距离主桌越近，桌次越高；距离主桌越远、桌次越低。

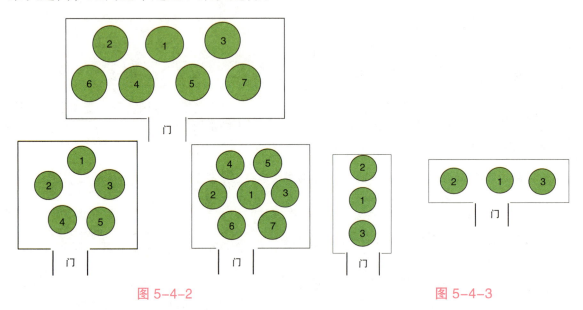

图5-4-2　　　　　　　　　　　　　　　图5-4-3

安排桌次时，所用餐桌的大小、形状要基本一致，除主桌可以略大外，其他餐桌都不要过大或过小。

为了确保在宴请时赴宴者及时、准确地找到自己所在的桌次，可以在请柬上注明对方所在的桌次、在宴会厅入口悬挂宴会桌次排列示意图、安排人员引导来宾按桌就座，或者在每张餐桌上摆放桌次牌（用阿拉伯数字书写）。

4. 安排座次

（1）中餐座次的安排。

宴请时，每张餐桌上的具体座次也有主次尊卑的分别，排列座次要综合考虑以下方面。

一是主人大都在主桌面对正门就座。

二是举行多桌宴请时，每桌都要有一位主人的代表在座，位置一般和主桌主人同向，有时也可以面向主桌主人。

三是每张餐桌上所安排的用餐人数应限制在10人以内，最好是双数。比如，6人、8人、10人，人数过多，不仅不容易照顾，而且也可能坐不下。

圆桌位次的具体排列可以分为两种具体情况，具体都和主位有关。

第一种情况：每桌一个主位的排列方法。特点是每桌只有一名主人，主宾在右手就座，每桌只有一个谈话中心，如图5-4-4所示。

第二种情况：每桌两个主位的排列方法。可以参照主人夫妇在同一桌就座的情况，以男主人为第一主人，女主人为第二主人，主宾和主宾夫人分别在男女主人右侧就座，每桌从客观上形成了两个谈话中心，如图5-4-5所示。

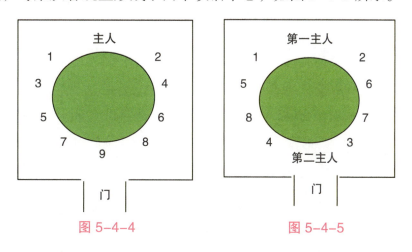

图5-4-4　　　　　图5-4-5

如果主宾身份高于主人，为表示尊重，也可以安排在主人位子上坐，而请主人坐在主宾的位子上。为了便于来宾准确无误地在自己位次上就座，除招待人员和主人要及时加以引导指示外，应在每位来宾所属座次正前方的桌面上，事先放置醒目的个人姓名座位卡。举行涉外宴请时，座位卡应以中、英文两种文字书写，中方的惯例是，中文在上，英文在下；必要时，座位卡的两面都书写上用餐者的姓名。

（2）西餐座次的安排。

中餐一般是圆桌，西餐一般是长桌，席位的安排和中餐略有不同。西餐席位的安排原则是女士优先、距离定位、以右为尊、面门为上和交叉排列。排定用餐席位时，面对正门的位子为主位，如果主人携夫人出席，一般女主人为第一主人，在主位就座，男主人为第二主人，坐在第二主人的位置。男主宾排在女主人的右侧，女主宾排在男主人的右侧，男女交叉排列，如图5-4-6所示。不偕夫人出席的，则主人与主宾对坐，其他人按尊卑就座，如图5-4-7所示。

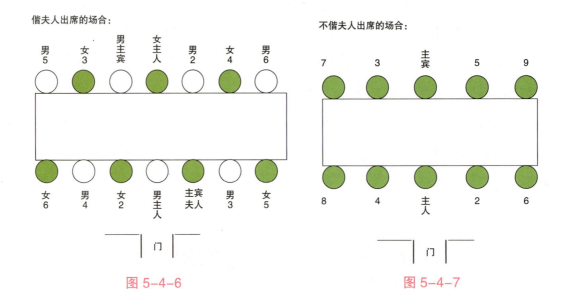

图 5-4-6　　　　　　　　　　　图 5-4-7

二、宴会的用餐礼仪

（一）中餐用餐礼仪

1. 引客入座

宴会开始之前，主人应站在门口迎接客人并与每一位来宾打招呼。当客人到齐后，主人应回到餐厅，热情招待来宾，如果来宾之间并不熟悉，主人要为客人一一介绍，使彼此有所了解，以增进宴会的友好气氛。一般应该按预先排好的座位，依次引导客人入座，如果客人有坐错座位的，一般应"将错就错"，或很巧妙地加以换座，注意不要挫伤客人的自尊心。

2. 得体落座

应邀出席宴会活动时，应听从主人的安排，在进入宴会厅之前先掌握自己的桌次和座位。入座时注意桌上座席卡是否写有自己的名字，不可随意入座。如邻座是长者或女士，应主动协助，帮助他们先坐下。入座后坐姿要端正，不可用手托腮或将双臂肘放在桌上。坐时应把双脚踏在本人座位下，不可随意伸出，以免影响他人；不可玩弄桌上的酒杯、碗盘、刀叉、筷子等餐具。

3. 学会祝酒

举杯祝酒时，主人和主宾先碰，人多时可以同时举杯示意，不一定碰杯，祝酒时不可交叉碰杯，在主人和主宾祝酒、致词时应停止进餐，停止交谈。主人和主宾讲话完毕与贵宾席人员碰杯后，往往会到其他席敬酒，接受敬酒时应起立举杯，碰杯时要注视对方，以示敬重友好。宴会上通过相互敬酒表示热烈的气氛，但切忌饮酒过量，一般应控制在本人酒量的 1/3 以内，不可饮酒过量失言失态，如不能喝酒，可以礼貌地声明，但不可以把杯子倒置。

拓展延伸

敬酒礼仪是中华传统文化的一部分，也是社交礼仪中的重要内容，它是在一些重要场合或者庆祝活动中展示尊重和感激之意的一种方式，遵守敬酒礼仪可以让我们更好地与他人交流和沟通。在一些重要的场合（如婚礼、宴会、商务会议、团年饭等），主人会在宴席开始或者结束时向客人敬酒，客人也可以在适当的时候向主人和其他人敬酒。向他人敬酒时，一般是右手握杯，左手托杯底，碰杯时杯口比对方低，可以更好地表达敬重感激之意。

4. 注意交谈

坐定后，自己杯中有茶，可轻轻饮用。无论是主人、宾客还是陪客，都应与同桌的人交谈，特别要顾及左邻右舍，不可只与几位熟人或一两人交谈；若不相识，可自我介绍。谈话要掌握时机，要视交谈对象而定，席间不谈涉及民族、政治、宗教等引起争执的话题，不可只顾自己一人夸夸其谈，或谈一些荒诞离奇引人不悦的事。

5. 文雅进餐

宴会开始时，一般是主人先致祝酒辞，此时应停止谈话，不可吃东西，注意倾听。致辞完毕，主人招呼后，即可开始进餐。

进餐时要注意举止文雅，注意个人形象，遵循用餐礼仪；不要用自己的餐筷为别人夹菜、添饭。取菜时不可一次过多，也不要左顾右盼，翻来翻去，不要在公用的菜盘内挑挑拣拣。多人同桌用餐时，取菜要注意相互礼让，依次而行，取用适量；盘中食物吃完后如果不够，可以再取。吃东西要闭嘴咀嚼，不可发出声响；要将食物送进嘴里，不可伸出舌头去接食物，嘴里有食物时不要谈话。剔牙时，要用手或餐巾遮口，不可边走动边剔牙；用餐时不要当众修饰，如有必要，应去化妆间或洗手间。如果有事要离开，也要先和旁边的人打个招呼，可以说声"失陪了""我有事先行一步"等。

6. 保持桌面的整洁

保持就餐桌面的整洁，既能让人看着舒服，又能显示自己的修养，所以在用餐的时候要特别留意。对于吃剩的残渣，不可粗鲁地吐在桌面上，应该轻轻吐在骨盆（餐桌上装剩菜垃圾的碟子）上，如果骨盘满了，可以请服务生帮忙换一个干净的盘子；如果不小心弄脏了桌面，要及时请服务员帮助清理。

7. 照顾同桌

在餐桌上不仅是一个人就餐，就餐时要注意到同伴的存在、留意同伴的需求、照顾好同伴，尤其是男士应该视照顾同桌的女士为自己的责任。

（二）西餐用餐礼仪

1. 入座礼仪

西式宴请，最得体的入座方式是从左侧入座。男士要帮助同行的女士入座，男士把椅子背拉开后，女士身体在几乎要碰到桌子的距离站直，待椅子推进来，腿弯碰到后面的椅子时，就可以坐下来。

中国人的餐桌礼仪

用餐时要保持姿态优雅，背部挺直，不要靠在椅背上，将餐巾对折轻轻放在膝上，双肘也不要放在桌面上，不可跷足，与餐桌的距离以便于使用餐具为佳。餐台上已摆好的餐具不要随意摆弄。

2. 准时开席

参加正式的西餐宴请时，一定要留意女主人的餐巾，因为它能暗示宴会的开始和结束：女主人把餐巾铺在腿上，是宴会开始的标志；女主人把餐巾放在桌子上，则是宴会结束的标志。女主人应在来宾入座后，准时开席。

3. 上菜礼仪

西餐跟中餐有很大的区别，中餐往往是一桌上满后，大家一起食用。西餐是吃一道上一道。正式全套西餐点的上菜顺序见表5-4-2。

表5-4-2

顺序	名称	常见菜品及特点
1	头盘（开胃品）	特色风味，味道以咸和酸为主，数量少，质量较高。常见的品种有大虾、龙虾沙律、鱼子酱、鹅肝、熏鲑鱼、奶油鸡酥盒、焗蜗牛等

续表

顺序	名称	常见菜品及特点
2	汤	常见的有牛尾清汤、各式奶油汤、海鲜汤、美式蛤蜊汤、意式蔬菜汤、俄式罗宋汤等
3	副菜	包括各种淡/海水鱼类、贝类及软体动物类。通常水产类菜肴与蛋类、面包类、酥盒菜肴都称为副菜
4	主菜（肉、禽类菜肴）	肉类菜肴的原料主要是取自牛、羊、猪、小牛仔等各个部位的肉，其中最有代表性的是牛肉或牛排。烹调方法常用烤、煎、铁扒等
		禽类菜肴的原料主要取自鸡、鸭、鹅，通常将兔肉和鹿肉等野味也归入禽类菜肴。禽类菜肴品种最多的是鸡，有山鸡、火鸡、竹鸡，可煮、炸、烤、焖，主要的调味汁有黄肉汁、咖喱汁、奶油汁等
5	蔬菜类菜肴	可安排在肉类菜肴之后，也可以和肉类菜肴同时上桌，算作一道菜，也可以作为配菜。 蔬菜类菜肴在西餐中称为沙拉，和主菜同时上桌的沙拉，称为生蔬菜沙拉，一般用生菜、西红柿、黄瓜、芦笋等制作。 沙拉的主要调味汁有醋油汁、法国汁、千岛汁、奶酪沙拉汁等
6	甜品	主菜后食用，包括所有主菜后的食物，不仅有布丁、蛋糕、冰淇淋，还包括奶酪、水果
7	咖啡、茶	通常指红茶，一般要加香桃片和糖

4. 餐巾的使用方法

用餐前，把餐巾打开铺在膝盖上，餐后叠好放在盘子右边，不可将餐巾放在椅子上，也不要叠得方方正正，易被误认为没用过。女士晚装的手拿包可以放在餐桌上，手提包一般放在脚边的地板上。

5. 餐具的使用

使用刀和叉进餐是西餐最重要的特征之一。除此之外，西餐的主要餐具还有餐匙和餐巾，用法也很讲究。至于西餐桌上的盘、碟、杯、水盂、牙签等餐具，其基本用法同中餐相似。

（1）刀叉。

筷子是中餐餐具的主角，刀叉则是西餐餐具的主角。刀叉既可以分开使用，也可以共同使用，更多情况下，二者要共同使用，所以人们在提到西餐餐具时，往往将二者相提并论。正确地使用刀叉，要做到以下几点：

一是要正确区别刀叉。在正规的西餐宴会上，讲究吃一道菜换一副刀叉。吃每道菜，都要使用专门的刀叉，既不能乱拿乱用，也不能从头到尾仅使用一副刀叉。

吃西餐正餐时，摆在每位就餐者面前的刀叉有：吃黄油的餐刀，吃鱼用的刀叉，吃肉用的刀叉，吃甜品、水果用的刀叉等。各种刀叉形状各异，摆放的位置也不一样，如图5-4-8所示。

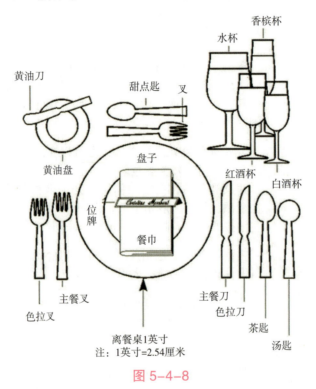

图 5-4-8

吃黄油用的餐刀，一般应横放在就餐者左手的正前方，距主食面包不远处。

吃鱼和肉用的刀叉，应当餐刀在右，餐叉在左，分别纵放在就餐者面前的餐盘两侧。由于刀叉的数目同上菜的道数是相等的，有时餐盘两侧分别摆放的刀叉会有三副之多。取用刀叉的基本原则是，每上一道菜依次从两边由外侧到内侧取用刀叉，如果没有经验、把握不准，不妨比别人慢半拍，看一下别人怎样使用。

吃甜品用的刀叉，一般横放在就餐者餐盘的正前方。

二是正确的使用刀叉。刀叉的使用方法主要有两种：一种是英国式的，要求在进餐时，左手拿叉，轻握尾端，用叉固定食物，右手持刀，食指按在柄上，方便切割食物，如图5-4-9所示。左手拿叉负责把食物送入口中，右手持刀负责将菜切开，或者将菜拨到叉子上，吃完一块切一块。另一种是美国式的，左手拿叉，右手拿刀，把餐盘的食物全部切割好后，放下刀具，再用右手拿餐叉把食物送入口中。

图 5-4-9

餐刀和餐叉使用时应稍加倾斜，不是垂直使用，刀可以用来切食物，也可用来把食物拨到叉上；叉用来取食物，也可以用来摁住食物。

小贴士

使用刀叉时要注意：不要动作过大，影响他人；切割食物时，不要弄出声响；切下的食物要正好一口吃下，不要叉起来再一口一口咬着吃；不要挥动刀叉讲话，也不要用刀叉指着他人；掉落到地上的刀叉不可捡起再用，应请服务员换一副。

三是要知道刀叉的暗示。如果就餐过程中，需暂时离开一下，或与人攀谈，应放下手中的刀叉，刀右、叉左，刀口向内、叉齿向下，呈"八"字形状摆放在餐盘之上，表示此菜尚未用毕，如图 5-4-10 所示。如果吃完了，或者不想再吃了，可以刀口向内，叉齿向上，刀右、叉左并排放在餐盘上，表示不再吃了，可以连刀叉带餐盘一起收走，如图 5-4-11 所示。

图 5-4-10　　　　图 5-4-11

（2）餐匙。

餐匙也是西餐不可缺少的餐具，在形状和使用上与中餐有很多不同之处。

一是要区分不同餐匙。在正式的西餐宴会上，餐匙至少会有两把，它们的形状不同，摆放的位置也不同。

个头较大的餐匙，通常摆放在就餐者面前餐盘的右侧最外端，与餐刀并列纵放。

个头较小的餐匙是甜品匙，一般情况下，它应被横放在吃甜品用的刀叉正上方，如果不吃甜品，有时也会被个头同样较小的茶匙代替，如图5-4-12所示。

图 5-4-12

二是要正确使用餐匙。餐匙各有用途，不要相互代替。要注意做到：餐匙除了用于饮汤、吃甜品外，不可用于取食其他食物；不要用餐匙搅拌汤、甜品；用餐匙取食，不要过满，一旦入口，就要一次用完，不要一匙东西，反复品尝多次；餐匙入口时，要从其前端入口，不要将其全部塞入嘴中；餐匙使用后，不要再放回原处，也不要将其插入菜肴或"直立"于餐具之中。

三、宴请结束的礼仪

（一）中餐结束礼仪

宴会结束一般先由主人向主宾示意，请其做好离席准备，然后从座位上站起，这是请全体起立的信号，一般以女主人的行动为准，女主人先邀请女主宾离席退出宴会厅。告辞时应礼貌地向主人道谢，通常是男宾先向男主人告辞，女宾先向女主人告辞，然后再与其他人告辞，一般不应提前退席，确实有事需提前退席，应向主人打招呼后离去。

适合新手的西餐礼仪

送客时，主人应鞠躬致意并等待客人完全离开视线后再转身离开。如果去家里赴宴，用餐结束后，客人不应在主人家逗留太晚。对主人的宴请表示致谢，除了在宴会结束告辞时表示谢意之外，如果是正式宴会，还可在2～3天内将印有"致谢"字样的便函寄送或亲自送达表示感谢，有时私人宴请也需致谢。

（二）西餐结束礼仪

西餐中，女主人把餐巾放在餐桌上，就意味着用餐结束，请客人告退。离席时，应当让身份高者、年长者和女士先离开座位。参加宴请活动后，第二天应当以写信、贺卡或者电话等方式，再次向主人表示感谢。

实训要点

中餐宴会操作要点见表5-4-3，西餐宴会操作要求见表5-4-4。

表5-4-3

操作项目	操作内容	操作要求
准备礼仪	（1）根据宴请的目的、对象确定宴请的规格、形式地点并发出邀请。 （2）根据客人的特点和口味确定菜单。 （3）确定桌次，主桌确定的原则是面门定位、以远（门）为上、以右（面对门）为尊。 （4）座次排列的原则是面门为上、以主人右手为上、居中为上	准备工作要周全、细致，要充分考虑来宾的喜好和禁忌。请柬要适时发出；席位安排既要符合礼宾次序又要有利于增进友谊和席间交谈
用餐礼仪	（1）宾主按时出席，衣着得体；礼貌入座，坐姿端庄，双肘不放于桌上，不把玩餐具或者其他物品。 （2）文雅用餐，取菜适量，相互礼让，咀嚼无声；使用公筷夹菜放入自己的碟中，然后再用自己的筷子或勺子夹取食用；不擅自为他人夹菜，添饭。 （3）席间不谈涉及民族、政治、宗教等引起争执的话题；不当众修饰；席间离开要打招呼	准时赴宴，文明用餐，不犯禁忌；举止得体，言谈适度，席间不大声喧哗
结束礼仪	（1）客人应当在主人开始送客后方可起身离座。 （2）在酒店宴请，餐后主人不宜当着客人面结账。 （3）用餐结束后，客人应礼貌和主人道别，并对主人表示感谢；如在主人家，则不可逗留太久；主人应当在门口送别客人，必要时为客人安排车辆	主人送客时，应等客人完全离开视线后方可返回

表 5-4-4

操作项目	操作规范
准备礼仪	（1）按照约定的时间到达。 （2）注重仪容仪表，女士要适当化妆，穿晚礼服或套装和有跟的鞋子；如果指定穿正式服装，男士必须打领带；赴宴前，男士还应整理仪表，理发和修面。 （3）合理安排座次，西餐席位安排的原则是女士优先、以右为尊、面门为上和交叉排列
用餐礼仪	（1）从左侧入座。 （2）来宾入座后，主人应准时开席。 （3）女主人铺开餐巾，暗示用餐开始；女主人把餐巾放在餐桌上，就意味着用餐结束；席间临时离开，要将餐巾放在椅子上。 （4）按从外而内的顺序取用刀叉，左手持叉，右手持刀；继续用餐（暂时离开）：刀右叉左，刀口向内，叉齿向下，呈"八"字形摆在餐盘上；用餐结束：刀口向内，叉齿向上，刀右叉左并排放在餐盘上
结束礼仪	（1）离席时，应当让身份高者、年长者和女士先离开座位。 （2）宴请活动后，应向主人表示感谢

拓展训练

1. 碧海生物科技有限公司与康福莱贸易公司经过洽谈决定建立长期的合作关系，东道主碧海生物科技有限公司李总经理决定宴请对方以孙经理为首的 5 名洽谈代表。主方出席宴会的人员是李总经理、总经理助理小王、财务总监老陈和 2 名业务骨干；客方（康福莱贸易公司）的出席人员是孙经理、办公室主任小李、财务主管李梅（女）、2 名技术人员，孙经理是回族人。

要求：

（1）针对宴会准备工作提出建议。

（2）小组讨论安排本次宴会的座次，画出座次图，针对座次安排说明理由。

2. ××公司杨总经理将接待几位重要的美国客户，你负责安排本次的西餐宴会，对方人员和我方人员各为 3 人，本公司人员是杨总、张副总（女）、李经理，美国客人分别是副总经理 Jack、助理 Mary 小姐和市场销售总监 Carl。

要求：确定座次，画出座次排列图，并说明本公司出席人员就餐期间应该注意的事项。

礼仪提升记录表

评价项目		评价标准	分值	自评分	小组评分	综合得分
中餐礼仪	中餐的准备礼仪	宴请计划制订合理	5			
		桌次、座次安排符合礼仪规范	10			
		菜单设计合理	5			
	用餐礼仪	入座礼仪规范	10			
		交谈有礼、举止文雅	10			
		致辞敬酒得体	10			
	宴会结束时的礼仪	离席顺序正确，语言举止符合规范	10			
西餐礼仪	西餐的准备礼仪	仪容仪表得体	10			
		席位安排合理	5			
	用餐礼仪	入座礼仪规范	5			
		餐巾使用方法正确	5			
		餐具使用恰当	5			
	宴会结束时的礼仪	离席顺序正确，语言举止合乎礼节	10			
总分			100			
努力方向			建议			

沟通交际礼仪 项目六

项目导语

每个人的灵魂深处,都有被别人理解的需要,有时生活与工作中的很多压力,往往来自人际沟通不顺畅导致的互相不理解。现实生活中,我们无法避免与不同的人交往,而得体的沟通交际礼仪有助于我们与他人实现良性互动。

恰当地运用沟通交际礼仪,可以让自己更自信、有魅力,在不同场合下表现出最佳的自己,与他人相处中更加得体自然,给他人留下良好的印象,增进彼此之间的友谊和信任,形成双方和谐融洽的气氛。得体的交际礼仪可以提高与人沟通、建立关系的能力,更好地处理各种复杂的人际关系,提高自己在职场上的竞争力,为顺利开展工作打下基础。

学习目标

(1)交往中能够得体地称呼对方,自然大方地做自我介绍或为他人介绍,正确使用握手礼仪,规范使用名片;

(2)交谈时自觉使用礼貌用语,选择合适的交谈话题,恰当运用语言技巧,得体地与人交谈,在交谈中善于倾听、提问和回答;

(3)工作和生活中能够恰当地运用接待与拜访礼仪,构建双方积极愉快的交流氛围,形成工作和生活中良好的交往局面;

(4)使用电话、手机、网络时注意场合,提高办事效率的同时遵守通信礼仪,塑造信息时代良好的个人形象。

项目六　沟通交际礼仪

任务一　会面与交谈礼仪

任务目标

◆交往中能够得体地称呼对方，自然大方地做自我介绍或为他人介绍，正确使用握手礼仪，规范使用名片；

◆交谈时自觉使用礼貌用语，选择合适的交谈话题，恰当运用语言技巧，得体地与人交谈，在交谈中善于倾听、提问和回答；

◆理解并运用会面和交谈的礼仪，展现个人良好的素质与修养，助力生活和工作中的人际沟通。

任务领航

在生活中，你是如何称呼身边的朋友、家人和老师的，与人交谈时你会注意哪些事项？

案例品读

1972年，周恩来总理在欢迎美国总统尼克松的招待会上这样称呼："总统先生，尼克松夫人，女士们，先生们，同志们，朋友们！"这种称谓客气、周到而又出言有序，体现出了大国外交家的风度，给人们留下了深刻的印象，是我们学习的典范。

周总理在几十年的外交生涯中，一直以德高望重、幽默风趣著称，不管在何种场合，遇到什么样的交谈对手，周总理都能以超人的智慧，应对自如，在外交史上留下了众多佳话。有一次周总理应邀访问苏联，与赫鲁晓夫会晤时，周总理批评他全面推行修正主义政策。狡猾的赫鲁晓夫不正面回答，他说："你批评得很好，但是你应该同意，出身于工人阶级的是我，而你却是出身于资产阶级。"言外之意是指总理站在资产阶级立场说话。周总理只是停了一会儿，然后平静地回答："是的，赫鲁晓夫同志，但至少我们两个人有一个共同点，那就是我们都背叛了我们各自的阶级。"据说，此言一出，立即在很多国家传为美谈。

知识准备

人际交往中，称呼是一个重要的细节，好的称呼是沟通的美妙前奏，恰当地称呼别人，才能构建和谐的人际关系。一个得体的称呼，会令彼此如沐春风，为以后的交往打下良好的基础，不恰当或错误的称呼，可能会令对方心里不悦，影响到彼此的关系乃至交际的成功。

一、会面的基本礼仪

（一）称呼

社会交往中，交际双方见面时，如何称呼对方，直接关系到双方之间的亲疏、了解程度、尊重与否及个人修养等。在日常生活、工作和交际场合，常规性称呼大体上主要有五种，如表6-1-1所示。

表6-1-1

称呼类别	适用场合
行政职务	用于较为正式的官方活动，如政府活动、公司活动、学术活动等，如"李局长""王总经理""刘董事长"等
技术职称	称呼技术职称，说明被称呼者是该领域内的权威人士或专家，如"李总工程师""王会计师"等
学术头衔	和技术职称不完全一样，这类称呼实际上是表示他们在专业技术方面的造诣，如"李教授"
行业称呼	在不知道对方职务、职称等具体情况时可采用行业称呼，如"解放军同志""警察先生""护士小姐"等
泛尊称	在不知道对方姓名及其他情况（如职务、职称、行业）时可采用泛尊称，这是对社会各界人士在较为广泛的社交面中都可以使用的表示尊重的称呼，如"小姐""夫人""先生""同志"等
其他称呼	在人际交往中使用表示亲属关系的爱称，如"叔叔""阿姨"等

（二）介绍

在人际交往中，特别是指人与人之间的初次交往中，介绍是一种最基本、最常规的沟通方式，同时也是人与人之间相互沟通的出发点。在日常工作与生活中，主要有三种介绍的形式。

微笑胜过一切化妆品

1. 自我介绍

自我介绍，是由本人担任介绍人，自己把自己介绍给别人。做自我介绍时要注意以下事项。

（1）内容要真实。介绍自己时应当实事求是，既没有必要自吹自擂，吹牛撒谎，也没有必要过分自谦，遮遮掩掩。

（2）时间要简短。介绍自己时，要抓住重点，言简意赅，所用时间以半分钟左右为佳。若无特殊原因，一般不超过1分钟。

（3）形式要标准。常见的自我介绍主要有两种情况：一是应酬型的自我介绍，只介绍本人姓名这一项，适用于泛泛之交、无意深交者；二是公务型的自我介绍，通常由本人的单位、部门、职务、姓名等内容构成，主要适用于正式的因公交往。

2. 他人介绍

他人介绍，亦称第三方介绍，是由第三方为彼此互不相识的双方所进行的介绍，如图6-1-1所示。在进行介绍时，要注意以下几个问题。

图 6-1-1

（1）介绍顺序。介绍人在介绍之前必须了解被介绍双方各自的身份、地位以及对方有无相识的愿望，或衡量一下有无为双方介绍的必要，再择机行事。介绍的先后顺序应坚持受尊重的一方有了解对方的优先权的原则。要确定双方地位的尊卑，然后先介绍位卑者，后介绍位尊者。

（2）介绍人的神态与手势。作为介绍人在为他人做介绍时，态度要热情友好，语言要清晰明快。在介绍一方时，应微笑着用自己的视线把另一方的注意力吸引过来。手的正确姿势应掌心向上，胳膊略向外伸，指向被介绍者，不能用手拍被介绍人的肩、胳膊和背等部位，更不能用食指或拇指指向被介绍的任何一方。

（3）介绍人的陈述。介绍人在做介绍时要先向双方打招呼，使双方有思想准备，介绍语应简明扼要，并应使用敬词，在较为正式的场合，可以说："尊敬的李波先生，请允许我向您介绍一下……"或说："王总，这就是我和您常提起的李博士。"在介绍中要避免过分赞扬某个人，不要给人留下厚此薄彼的感觉。

3. 集体介绍

集体介绍，实际上是介绍他人的一种特殊情况，它是指被介绍的一方或者双方不止一人的情况。介绍集体时，被介绍双方的先后顺序依旧至关重要，具体来说，介绍集体又可分为两种基本形式。

（1）单向式。当被介绍的双方一方为一个人，另一方是多个人组成的集体时，只把个人介绍给集体，而不必再向个人介绍集体。

（2）双向式。被介绍的双方皆为由多人组成的集体，在具体进行介绍时，双方的全体人员均应被正式介绍。在公务交往中，这种情况比较多见，常规做法是：主方负责人首先出面，依照主方在场者具体职务的高低，自高而低地依次进行介绍；接下来，由客方负责人出面，依照客方在场者具体职务的高低，自高而低地依次对其进行介绍。

小贴士

会面时要想通过介绍的方式，为他人留下深刻的印象，可运用以下技巧：

（1）突出个人特点。在做自我介绍时，强调个人的特点和优势，例如你的爱好、职业、性格等，这可以让其他人更好地了解你，并找到与你的共同点。

（2）语言简洁明了。自我介绍和他人介绍都应该保持简洁明了，避免冗长和复杂的语言。

（3）用语得体。在做自我介绍和他人介绍时，应使用礼貌得体的语言，以展现个人的修养和素质，避免使用过于专业或难懂的术语，以免让其他人感到尴尬或难以理解。

（4）保持自信的姿态、眼神交流、适当的面部表情等都可以增强你的自我介绍和他人介绍的效果。

（三）握手

握手是日常生活中经常使用的礼节方式，更是社交场合中司空见惯的礼仪，不仅用在人们见面和告辞时，还可以作为祝贺、感谢或相互鼓励的表示，它看似简单，却是沟通、交流、增进人际交往的重要手段。恰当地运用握手礼仪要注意以下几个方面。

1. 神态

与他人握手时，应当神态专注、热情、自然、友好。在正常情况下，握手时应目视对方，面含笑容，并且同时问候对方。握手时切勿显得三心二意、敷衍了事、漫不经心、傲慢冷淡。如果迟迟不握他人早已伸出的手，或是一边握手、一边东张西望，目中无人，甚至忙于跟其他人打招呼，都是失礼的。

2. 姿势

与人握手时，一般应起身站立，迎向对方，距其1米左右伸出右手，握住对方的右手手掌，垂直于地面，稍许上下晃动一两下，如图6-1-2所示。

图6-1-2

3. 力度

握手时用力要适度，不轻不重，恰到好处。用力过轻，有怠慢对方之嫌；不论对象而用力过重，会使对方难以接受而生反感。男士之间的握手力度稍大，女士之间的握手力度稍轻，男士与女士之间的握手力度稍轻。

4. 时长

手握紧，打过招呼后即松开，如果是亲密朋友意外相遇，敬慕已久而初次见面，至爱亲朋依依惜别，衷心感谢难以表达等场合，握手时间就会长一点，甚至紧握不放、话语不休。在公共场合，如列队迎接外宾，握手的时间一般较短，握手的时间应根据与对方的亲密程度而定，一般来讲，在普通场合与别人握手所用的时间以 3 秒钟左右为宜。

5. 顺序

在比较正式的场合，握手礼很重要的一点是握手的顺序。在社交场合，握手的顺序主要根据双方所处的社会地位、身份、性别和各种条件来确定。在公务场合，握手时伸手的先后顺序主要取决于职位、身份；而在社交场合和休闲场合，则主要取决于年龄、性别和婚否。握手应当遵守"尊者决定"的原则，即在两人握手时，各自应首先确定握手双方彼此的身份，并以此决定伸手的先后，不可贸然抢先伸手。女士同男士握手时，应由女士首先伸手；长辈同晚辈握手时，应由长辈首先伸手；上级同下级握手时，应由上级首先伸手；宾主之间的握手则较为特殊，正确的做法是：客人抵达时，应由主人首先伸手，以示欢迎之意；客人告辞时，应由客人首先伸手，以示主人可就此留步。

在正规场合，当一个人有必要与多人一一握手时，既可以由"尊"而"卑"地依次进行，也可以由近而远地逐渐进行。

握手礼仪禁忌

（四）使用名片

名片是我国古代文明的产物，名片发展至今，已是现代人交往中一种必不可少的联络工具，成为具有一定社会性、广泛性，便于携带、使用、保存和查阅的信息载体之一。

1. 准备名片

我们在参加正式的交际活动之前，都应随身携带自己的名片，以备交往之用。名片携带时应注意以下方面：

（1）足量适用。在社交场合活动中，携带的名片要数量充足，确保够用；所带名片要先分好类，必要时根据不同交往对象使用不同的名片。

（2）整洁无损。名片要保持干净整洁，切不可出现折皱、破烂、肮脏、污损、涂改的情况。

（3）方便拿取。名片可放于名片夹、公文包或上衣口袋之内，在办公室时还可放于名片架或办公桌内，不要随便放在钱包、裤袋之内。放置名片的位置要固定，以免需要名片时找不到。

2. 递交名片

与人交往递交名片时要注意以下方面。

（1）观察意愿。除非自己想主动与人结识，名片应在交往双方均有结识对方愿望的前提下发送，这种愿望往往会通过"幸会""认识你很高兴"等一类谦语以及表情、体态等非语言符号体现出来，如果双方或一方并没有这种愿望，则无须发送名片。

（2）把握时机。发送名片要掌握适宜的时机，只在确有必要时发送名片，才会发挥名片的作用。发送名片一般应选择初识之际或分别之时，不宜过早或过迟，不要在用餐、观赏戏剧、跳舞之时发送名片，也不要在大庭广众之下向多位陌生人发送名片。

（3）讲究顺序。双方交换名片时，应当首先由位低者向位高者递送名片，再由后者回复前者。多人之间递交名片时，不能以职务高低决定发送顺序，更不要跳跃式发送，甚至遗漏其中某些人，最佳方法是由近及远、按顺时针或逆时针方向依次发送。

（4）先打招呼。递上名片前，应当先向接受名片者打个招呼，令对方有所准备，既可先做一下自我介绍，也可以说声"对不起，请稍候""可否交换一下名片"之类的提示语。

（5）注意方法。递名片时应起身站立，走上前去，双手将名片正面对着对方，递给对方，如图6-1-3所示；若对方是外宾，最好将名片印有英文的那面对着对方；将名片递给他人时，应说"多多关照""常联系"等话语。

图6-1-3

3. 接受名片

接受他人名片时，应当做好以下几点。

（1）态度谦和。接受他人名片时，不论有多忙，都要暂停手中的一切事情，并起身站立相迎，面含微笑，双手接过名片，至少要用右手，不得单独使用左手接名片。

（2）认真阅读。接过名片后，先向对方致谢，然后要把名片从头至尾默读一遍，遇有显示对方荣耀的职务、头衔不妨轻读出声，以示尊重和敬佩，若对方名片上的内容有所不明，可当场请教对方。

（3）精心存放。接到他人名片后，切勿将其随意丢放，应将其认真地置于名片夹、公文包、办公桌或上衣口袋之内，且与本人名片区别放置。

接受了他人的名片后，一般应当即刻回给对方一张自己的名片。若没有名片，或者名片用完了，或者忘了带名片时，应向对方做出合理解释并致以歉意，切莫毫无反应。

4. 索要名片

依照惯例，通常情况下最好不要直接开口向他人索要名片，若想主动结识对方或者有其他原因有必要索取对方名片时，可采取下列办法。

（1）互换法。以名片换名片，在主动递上自己的名片后，对方按常理会回给自己一张他的名片，如果担心对方不回送，可在递上名片时明言此意："能否有幸与您交换一下名片？"

（2）暗示法。用含蓄的语言暗示对方，例如，向尊长索要名片时可说："请问今后如何向您请教？"向平辈或晚辈表达此意时可说："请问今后怎样与你联络？"

面对他人的索取，不应直接加以拒绝，如果确实有必要拒绝，需要注意分寸，可以向对方表示自己的名片刚用完，或说自己忘了带名片；如果自己手里正拿着名片或刚与他人交换过名片，显然不说为妙。

二、交谈的基本礼仪

（一）交谈的话题

进行交谈时，最重要的当推具体内容。在人际交往中，学会选择话题，就能使谈话有个良好的开端。交谈中宜选择的话题主要包括以下几种。

1. 既定的话题

活动双方约定的主题，如求人帮助、征求意见、传递信息、讨论问题、研究工作等。

2. 高雅的话题

内容文明、格调高雅的话题，如哲学、历史、地理、艺术、建筑，但忌不懂装懂。

3. 轻松的话题

有些时候，特别是在非正式场合跟别人闲聊时，往往不宜选择过于深奥、枯燥、沉闷的内容，以防曲高和寡，令人不悦。此时此刻，不妨谈论一些令人感到欢快的内容，例如休闲娱乐、旅游观光、名胜古迹、风土人情、电影、电视、体育比赛、烹饪小吃、天气状况等。

4. 时尚的话题

流行的、大家都关注的话题，如住房改革、股市动荡、汽车降价、教育改革等。

5. 对方擅长的话题

交谈中可向交谈对象进行讨教，不仅可以找到对方感兴趣的话题，而且还可以借机向对方表达自己的敬意，只要讨教的内容确为对方之所长，通常都会令其倍感重视。

（二）交谈的态度

交谈的态度，指的是一个人在与别人交谈的整个过程中的举止表情，以及由此而体现出来的个人修养和对待交谈对象的基本看法。从某种程度上讲，交谈的态度有时甚至比交谈的内容更重要，在交往中，尤其是在与一个外国人初次打交道时，交谈的态度通常会更受对方的关注。在交谈中，要想使自己交谈的态度符合礼仪的要求，就必须注意以下几个方面。

沟通礼仪

1. 表情自然

交谈时目光应专注，或注视对方，或凝神思考，从而和谐地与交谈进程相配合，如图6-1-4所示。眼珠一动不动，眼神呆滞，甚至直愣愣地盯视对方，都是极不礼貌的；目光游离、漫无边际，同样失礼，也是不可取的。如果是多人交谈，就应该不时地用目光与众人交流，以表示交谈是大家的，彼此是平等的。倾听时，可适当表达自己对交谈内容的赞同、理解、惊讶、迷惑，这样更有助于交谈顺利进行。

图6-1-4

2. 举止得体

人们在交谈时往往会伴随着一些有意无意的动作举止，这些肢体语言通常是自身对谈话内容和谈话对象的真实态度的反应，适度的动作是必要的。例如，发言者可用适当的手势来补充说明其所阐述的具体事由；倾听者则可以点头、微笑来反馈"我正在注意听""我很感兴趣"等信息。

适度的举止既可表达敬人之意，又有利于双方的沟通和交流，但要避免过分、多余的动作。与人交谈时可以有动作，但动作不可过大，更不要手舞足蹈、拉拉扯扯、拍拍打打。为表达敬人之意，切勿在谈话时左顾右盼，或者双手置于脑后，或者高架"二郎腿"，甚至剪指甲、挖耳朵等。交谈时应尽量避免打哈欠，如果实在忍不住，也应侧头掩口，并向他人致歉，尤其应当注意的是，不要在交谈时以手指指人，因为这种动作有轻蔑之意。

3. 善于倾听

在交谈中，一般人倾向于用自己的意见、观点、感情来影响别人，甚至谈个不停。实际上，与人交谈，光做一个好的演说者不一定成功，还须做一个好的听众。只有善于倾听的人，才懂得"三人行，必有我师"的道理，才能够利用一切机会博采众长，丰富自己，而且能够留给别人有礼貌的良好印象。

（1）倾听时要恰当运用眼神、表情等非语言手段来表示自己在认真倾听。尽可能以柔和的目光注视着对方，并通过点头、微笑等方式及时对谈话内容做出反应，如图6-1-5所示。也可以说"是的""明白了""对"等语言来表示自己在认真聆听。

图 6-1-5

（2）如果对方谈到的内容自己比较感兴趣，可以先点头，然后简单地表明自己的态度，最后再说"请接着说下去""这件事你觉得怎么样？""还有其他事情吗？"等，这样会使对方谈兴更浓。

（3）要注意倾听对方说的内容，最好能够在对方讲完后简单地复述一遍，这样可以让对方感到被认真倾听，同时也确保理解了对方所讲的内容。

（4）如果对谈话的内容不感兴趣，可以委婉地转换话题，比如，"我想我们是不是可以谈一下关于……的问题？"等。

（5）倾听时不要挑对方的毛病，不要当场提出自己的批判性意见，更不要与对方争论，尽量避免使用否定别人的回答或评论式的回答，如"不可能""我不同意""我可不这样想""我认为不该这样"等，应该站在对方的立场去倾听，努力理解对方说的每一句话，并可以对他人的话进行重复。

（6）交谈过程中对谈话内容没听明白的时候，要等对方讲完以后再询问，不要在中途随意打断对方，否则对方会因为思路或兴致被中断而不悦。

4. 有效提问

交谈的基本形式是提问和回答，善于提问往往能更顺利地与对方接近、相识，加深了解，获得信息，能启发对方思维，打破交谈的僵局，使交谈活动得以顺畅地进行，因此提问在交谈中占主导地位，它往往是交谈的起点。在交谈中要讲究提问技巧，问得其所，问到所需。

（1）根据对象提问。不提让别人为难和尴尬的问题。

（2）把握时机提问。对方谈锋正健时不要打断；冷场时多提问以改变局面；一个主题已经谈得差不多时提问，以转移话题。

（3）抓住关键提问。问题不要提得又多又散，要抓住问题的核心。只有敏感性问题才需要绕弯子，转化分解为侧面问题和具体问题。

（4）不使用盘问审讯式、讽刺性语言提问。

5. 得体回答

（1）坦诚地回答。坦然、诚恳地回答问题，不要装聋作哑、敷衍了事。

（2）谨慎地回答。言多必失，没有把握的事情不要想当然回复。

（3）巧妙地回答。对不想回答的问题、尖锐敏感的问题，不宜正面回答的或不宜公开的，可以用幽默的方式避开锋芒，或者巧妙地回答。

拓展延伸

美国前哈佛大学校长伊立特曾说："在造就一个有修养的人的教育中，有一种训练必不可少，那就是优美高雅的谈吐。"交谈是交流思想和表达感情最直接、最快捷的基本方式，也是建立良好人际关系的重要途径。在社交中，因为不注意交谈的礼仪而导致交往失败或影响人际关系的事时有发生。

（三）交谈的语言技巧

1. 文明礼貌

交谈中使用礼貌用语，是人类文明的标志。日常交谈虽不像正式发言那样严肃郑重，但也要注意文明礼貌。

交谈中，要善于使用一些约定俗成的礼貌用语，如"您""谢谢""对不起"等。交谈结束时，应当与对话方礼貌道别，如"有空再聊吧！""谢谢您，再见！"等。即使在交谈中有过争执，也应不失风度，切不可来一句："说不到一块儿就算了""我就是认为我对"等。

交谈中应当尽量避免一些不文雅的语句和说法，不宜明言的一些事情可以用委婉的词句来表达，例如想要上厕所时，可以说："对不起，我去一下洗手间。"或说："不好意思，我去打个电话。"我们要避免使用气话、粗话、脏话等，不得体的话不但有失身份、让人反感，而且不利于营造谈话气氛。

2. 准确流畅

在交谈时如果词不达意、前言不搭后语，很容易被人误解，达不到交际的目的。在表达思想感情时，应做到口语标准、吐字清晰，说出的语句应符合规范；避免使用似是而非的语言，应去掉过多的口头语；语句停顿要准确，思路要清晰，谈话要缓急有度，从而使交流活动畅通无阻；言谈时尽量不用书面语或专业术语，因为这样的谈吐会让人感到太正规、受拘束或者难理解。

3. 委婉表达

交谈是一种复杂的心理交往，人的微妙心理、自尊心往往在里面起重要的控制作用，触及它，就有可能产生不愉快，因此，对一些只可意会、不可言传的事情、人们回避忌讳的事情、可能引起对方不愉快的事情，不要直接陈述，可以用委婉、含蓄的话去说。常见的委婉的说话方式有：避免使用主观臆断的词语，如"只有""一定""唯一""就要"等不带余地的词语，要尽量采用与人商量的口气；先肯定后否定，学会使用"是的……但是……"这个句式，把批评的话语放在表扬之后，就显得委婉一些；间接地提醒他人的错误或拒绝他人。

4. 掌握分寸

交谈中不但说话要讲究文明礼貌，注意语气语调，也要把握说话的分寸。要让说话不失分寸，除了提高自己的文化素养和思想修养外，还须注意以下几点。

（1）说话时要认清自己身份。任何人在任何场合讲话，都有自己特定的身份，这种身份，也就是自己当时的"角色地位"。比如，在公司里，如果用上司的口气对平级或上司说话就不合适了，因为这是不礼貌、有失"分寸"的。

（2）说话要客观。尊重事实，客观地反映。不能主观想象，信口开河。当然，客观地反映实际，也应视场合、对象，选择恰当的表达方式。

（3）说话要有善意。说话的目的，就是要让对方了解自己的思想和感情，"好话一句三冬暖，恶语伤人恨难消"，在人际交往中，我们必须把握好这个"分寸"。

（4）说话要注意方式，多用婉言表达。生活中，有很多问题，都可以用婉言表达，其功效是免除怨怒，促进尊重，让人与人之间充满友好和谐的气氛。

如果有不速之客蓄意打探你的个人隐私，你又不便直接回答时，不妨说出一些不着边际的话语来作答，对方在感到莫名其妙后会知难而退，同时，隐隐感受到你的不可侵犯，这种用虚假理由来替换真正理由的话语，就是婉言的一种。

5. 幽默风趣

交谈本身就是一个寻求一致的过程，在这个过程中常常会出现不和谐的地方而产生争论或分歧，这就需要交谈者随机应变，凭借机智抛开或消除障碍。幽默可以化解尴尬局面或增强语言的感染力，它建立在说话者有高尚的情趣、较深的涵养、丰富的想象、乐观的心境、对于自我智慧和能力自信的基础之上，它不是要小聪明或"卖弄嘴皮子"，它使语言表达既诙谐，又入情入理，体现一定的修养和素质。

实训要点

会面与交谈礼仪的操作要点见表 6-1-2。

表 6-1-2

操作项目	操作要求
称呼	得体规范，考虑双方之间的亲疏、了解程度、尊重与否
自我介绍	（1）主人和客人在一起，主人先做介绍；长辈和晚辈在一起，晚辈先做介绍；男士和女士在一起，男士先做介绍。 （2）表情自然亲切，举止庄重自信；介绍内容重点突出，简洁明了

续表

操作项目		操作要求
他人介绍		（1）把男士先介绍给女士；把晚辈先介绍给长辈；把客人先介绍给主人；把未婚者先介绍给已婚者；把职位低者先介绍给职位高者；把个人先介绍给团体，把晚到者先介绍给早到者。 （2）态度要热情友好，语言要清晰明快；恰当运用态势语
集体介绍	单向式	只把个人介绍给集体，而不必再向个人介绍集体
	双向式	由主方负责人首先出面，依照主方在场者具体职务的高低，自高而低地依次进行介绍；然后是客方负责人出面，依照客方在场者具体职务的高低，自高而低地依次进行介绍
握手	神态	热情友好，握手时目视对方，面含笑容，同时问候对方
	姿势	起身站立，距其1米左右伸出右手，握住对方的右手手掌，垂直于地面，稍许上下晃动一两下
	力度	用力应适度，不轻不重，恰到好处
	时长	在普通场合与别人握手所用的时间以3秒钟左右为宜
	顺序	（1）尊者决定，即女士、长辈、已婚者、职位高者伸出手后，男士、晚辈、未婚者、职位低者方可伸手呼应。 （2）社交场合的先至者与后来者握手，应由先至者首先伸手。 （3）客人抵达时，应由主人首先伸手，以示欢迎之意；客人告辞时，则应由客人首先伸手，以示主人可就此留步
	注意事项	忌左手与人握手；握手前务必要脱下手套，只有女士在社交场合可以戴着薄纱手套与人握手；握手时要提前摘下墨镜；忌用双手与人握手，只有在熟人之间才适用；与人相握的手应干净整洁
使用名片	递交	（1）起身站立，双手将名片正面对着对方递交；若对方是外宾，最好将名片印有英文的那一面对着对方；同时说"多多关照""常联系"等话语，或是先做一下自我介绍。 （2）与多人交换名片时，应讲究先后次序：由近而远，由尊而卑进行，位卑者应当先把名片递给位尊者
	接受	暂停手中的事情，面含微笑，双手接过名片致谢，默读一遍，遇有显示对方荣耀的职务、头衔不妨轻读出声，以示尊重和敬佩；若有不明之处，可当场请教对方，接受的名片要当面认真存放
	索要	可主动递上自己的名片后，说明索要之意，或用含蓄的语言暗示对方进行索要

续表

操作项目		操作要求
使用名片	注意事项	不要左手递交或接受名片；不要将名片背面对着对方或是颠倒着面对着对方；不要以手指夹着名片给人；不要将名片举得高于胸部；接到他人名片后，切勿随意乱丢乱放
交谈	话题	可选择既定的话题、高雅的话题、轻松的话题、时尚的话题、对方擅长的话题等，忌谈个人隐私、非议别人，忌谈违背社会伦理道德、生活堕落、政治错误、让对方伤感、不快的话题
	态度	表情自然；举止得体；善于倾听，别人讲话的时候，尽量不要中途打断或者和人争辩；有效提问；得体回答，忌交谈中从头到尾保持沉默，不置一词
	语言技巧	文明礼貌；准确流畅；委婉表达；掌握分寸；幽默风趣

拓展训练

小组分工合作，创作并拍摄会面及交谈的情景剧，设计某一会面场景，将称呼、介绍、握手、交谈等礼仪，连贯地演示下来并录制视频。时间 5 ~ 10 分钟为宜，结合视频，制作课件并进行课堂展示。

礼仪提升记录表

评价项目	评价标准	分值	自评分	小组评分	综合得分
会面礼仪	称呼得体，符合规范	10			
	介绍的语言简洁明了，行为举止得体，介绍的顺序正确	15			
	握手时神情自然友好，力度适中，面带微笑，时长合适，顺序正确	15			
	名片保管得当，交换名片礼仪到位，索要名片方法得当	15			

续表

评价项目	评价标准	分值	自评分	小组评分	综合得分
交谈技巧	话题选择合适	15			
	交谈态度端正，表情自然，举止得体，善于倾听，有效提问，得体回答	15			
	讲究语言技巧，礼貌交谈，表达准确流畅，委婉表达、掌握分寸、幽默风趣	15			
总分		100			
努力方向		建议			

任务二　拜访与接待礼仪

任务目标

◆学习日常生活中拜访与接待礼仪，提高个人的综合素质和人际交往能力；

◆了解公务活动中的拜访与接待礼仪，能够在职业生涯中通过得体的礼仪助力组织形象的建设。

任务领航

去同学和朋友家做客时，你注意了哪些方面的礼节？当客人来访时，你会和家人做哪些招待客人的准备？你认为应该怎样热情待客和送客？

项目六　沟通交际礼仪

案例品读

刘立荣在金立数码科技有限公司任副总的时候，下班后他正和同事下棋，晚上9点多，刘立荣接到了一个客户的电话，通完电话他对同事说："我现在得去广州接一个重要的客户……"同事不解地说："这么晚了还去广州接人，没必要吧！"刘立荣却说："如果接他，在礼节上让客户满意，能给公司带来效益，我有什么理由不去做呢？"

2000年5月的一个晚上，刘立荣打电话对公司文员再三叮嘱："从东莞去广州，你一定要给他买靠右边窗口的车票，这样他坐在车上就可以看到凤凰山；如果他去深圳，你就要给他买左边靠窗的票……"同事不解地问："到底接待谁呀，你这样婆婆妈妈？"刘立荣说："台湾顺翔公司的杨总，他出门时不喜欢坐汽车而喜欢坐火车。这样，他一路可以欣赏凤凰山的风景。"同事笑道："这些小事你也装在心里，累不？"可这件小事，后来给公司带来了2 000万元的业务。原来，4个月后，台湾顺翔公司的杨总在和刘立荣聊天时，无意中问起这个问题。刘立荣说："车去广州时，凤凰山在您的右边。车去深圳时，凤凰山在您的左边。我想，您在路上一定喜欢看凤凰山的景色，所以替您买了不同的票。"杨总听了大受感动，说："真想不到，你们居然这么注重细节，和你们合作，可以让我放心了！"杨总当即将本已决定交给其他公司的2 000万元订货单改交给了刘立荣。

知识准备

拜访是指在特定的时间和地点，前往拜会某人或某个组织的活动；接待则是指在一定时间范围内，为拜访者提供各种必要的服务和便利。拜访和接待是最常见的社交形式，是人们联络感情，增进友谊和沟通关系的有效方法，可以帮助人们加强联系和了解，建立更为良好的人际关系。例如，拜访朋友或亲戚，可以加深彼此之间的感情，增进了解和信任。对于主人来说，他们的招待和待客礼仪不仅代表着主人的素养和修养，更是展现主人文化品位的重要方式。良好的待客礼仪和招待能力，可以让人产生最佳的第一印象，提高自己在社交场合中的地位和竞争力。

拜访和接待是商业交往和经济发展的重要手段，通过拜访和接待，公司可以与潜在客户进行面对面的交流，了解他们的需求和兴趣，有针对性地推销产品和服务，进而开拓市场，增加销售额。良好的接待能力也可以吸引更多投资者来参观和了解企业的发展情况，进而增加与企业的互动和联系。在经济全球化的背景下，良好的拜访和接待能力不仅可增加公司的竞争力和影响力，还有助于开拓国际市场。注重拜访和接待的礼仪和技能，可以提高个人的综合素质和交往能力，从而在社会交往中取得更大的成功和回报。

一、拜访礼仪

（一）拜访前的准备

拜访的黄金定律

1. 了解情况

拜访前对拜访对象进行了解是必要的，特别是初次登门，一定要了解对方的基本情况。

2. 事先预约

不要做不速之客，拜访前应先写信或打电话预约，这是最基本的礼仪。一般情况下，应提前3天给拜访者打电话，简单说明拜访的原因和目的，确定拜访时间，经过对方同意以后才能前往。商务拜访，一般提前一周预约，选择对方上班的时间，最好是上班半小时之后，下班半小时之前，避开对方繁忙、用餐或休息的时间。

3. 悉心准备

（1）明确拜访目的。无论是初次拜访还是再次拜访，都要事先明确拜访的主要目的。

（2）准备有关资料。商务拜访，比如客户拜访，要准备的资料一般包括公司及业界的资料、相关产品资料、客户的相关信息资料、销售资料及方案、针对可能出现的情况事先拟定的解决方案或应对方案。带上一份小礼品是不错的选择，礼物可以起到联络感情、缓和气氛的作用，礼物应轻重得当、不落俗套、切中对方喜好为最好，但要注意避免送出过于昂贵或不适宜的礼物。此外，名片、电话号码等也要事先准备好。

项目六　沟通交际礼仪

（3）设计拜访流程。要针对拜访环节准备好最稳妥、最得体的称呼和开场白，选择好话题材料，确定话题范围等。

4. 电话确认预约

出发前应致电被拜访者，再次确认本次拜访人员、时间和地点等事宜。

5. 注意礼仪细节

到达前，先整理服装仪容，如果是重要的拜访对象，要事先关掉手机，这体现了对拜访对象的尊敬，对访问事宜的重视。

6. 服饰整洁

肮脏、邋遢、不得体的仪表，是对被拜访者的轻视。被拜访者会认为你不把他放在眼里，对拜访效果有直接影响。为了对主人表示敬重之意，拜访时一定要仪表端庄、衣着整洁。一般情况下，登门拜访时，女士应着深色套裙、中跟浅口深色皮鞋配肉色丝袜；男士最好选择深色西装配素雅的领带，外加黑色皮鞋、深色袜子。此外，着装还要与所拜访对象的身份相符合。

（二）拜访中的礼仪

1. 注意着装

在拜访他人时，要注意自己的仪容仪表，穿着打扮要干净整洁，大方得体。商务拜访，穿着要正式，符合职业的特点和要求；朋友之间的拜访，虽不必太讲究，但也要衣冠整洁，不可邋遢。

2. 准时赴约

拜访他人时，应如约准时到访，可提前几分钟，但也不能过早。早到使对方措手不及，迟到更是不礼貌的表现，因故不得不迟到或失约，应及时打电话诚恳解释，以取得对方谅解并另约时间。

3. 礼貌登门

在进入别人的办公室或房间时，要先敲门，敲门的声音应适中，声音太大会让对方认为你不够礼貌，声音太小则对方不容易听到，得到明确允许后方可进门；按门铃也是一样，应在按一声之后等待一会儿，如对方没有回应，再按一次，切不可急躁。

主人开门邀请进屋时，应礼貌询问主人是否要换鞋，并要询问鞋的放置（有的家庭是放在门外而不是地垫上）；夏天进屋后再热，也不要脱掉衬衫、长裤；

冬天进屋再冷也要脱下帽子、手套,有时还应脱下大衣和围巾;雨天携带雨具拜访时,进屋前应向主人征询雨具该放在什么地方。

进门后要先向主人问好,如室内还有其他人,不能视而不见,爱理不理,也要同时向众人打招呼。主人尚未让座时,不能随便坐下,要待主人安排或指定座位后再坐下。

4. 言行得体

拜访期间,要保持礼貌和尊重,注意自己的言行举止,不要说出不得体的话语或做出不得体的举动,未经对方允许,不要随意观看或摆弄对方的物品。要注意交谈的时间,以不影响对方休息、用餐为宜。

主人上茶水时,应欠身双手相接,并致谢。如茶水太烫,应等其自然凉了再喝,必要时也可将杯盖揭开,放置杯盖时,盖口一定要朝上。切忌将茶水用嘴边吹边喝,喝茶时应慢慢品饮,不要一饮而尽,也不要发出声响。无论是到办公室还是到家中拜访,一定要"客听主安排",应充分体谅主人。到达拜访单位后,首先要将自己的姓名、工作单位及要拜访的对象告知工作人员,并静候工作人员通报。

5. 交谈有方

交谈要随机应变,处理得当。谈话切忌啰唆,简单地寒暄是必要的,但时间不宜过长。因为被访者可能有很多重要的工作等待处理,没有很多时间接见来访者,这就要求谈话要开门见山,简单地寒暄后直接进入正题。

当对方发表意见时,应该仔细倾听,将不清楚的问题记录下来,待对方讲完以后再请求给予解释。如果双方意见产生分歧,一定不能急躁,要时刻保持沉着冷静,避免破坏拜访气氛,影响拜访效果。

6. 适时告辞

在商务拜访过程中,时间为第一要素,拜访时间不宜拖得太长,否则会影响对方其他工作的安排。如果双方在拜访前已经设定了拜访时间,则必须把握好约定的时间;如果没有对时间问题做出具体要求,那么就要在最短的时间里讲清所有问题,然后起身离开,以免耽误被访者处理其他事务。商务拜访一般以半小时左右为宜,在拜访目的基本实现或达到预约的时间时,应先说一段有告别意义的话后起身告辞,忌在对方刚说完一段话后起身告辞。

二、接待礼仪

待客礼仪不仅代表个人的形象和素质，在公务活动中更是体现了组织的形象和素质，还直接影响到客户对公司的印象和信任度。正确的接待礼仪，是个人职业生涯中不可缺少的知识与技能准备。

（一）接待前的准备

做好迎宾工作，对来宾表示尊敬、友好与重视，给来宾形成良好的第一形象，就可以为下一步深入接触打下基础。迎宾工作要注意做好以下前期准备工作。

1. 做好环境的准备

会客室应保持整洁、明亮、美观、清新，让来访者感受到管理有序，充满生气的工作氛围，尽量做到安静素雅、色彩和谐，布局合理并有适当的绿植装饰，能够根据来客的情况，布置好座位、饮料茶水、报纸杂志、宣传材料、衣帽架等。

2. 掌握来宾基本状况

接待人员一定要充分掌握来宾的基本状况，尤其是主宾的个人情况，如姓名、性别、年龄、籍贯、民族、单位、职务、专业、偏好等，必要时还需了解其婚姻、健康状况、政治倾向与宗教信仰等。如果来宾尤其是主宾曾经来访过，在接待规格上要注意前后一致，如无特殊原因不宜随便升格或降格。来宾如报出自己一方的计划，比如来访的目的、来访的行程、来访的要求等，应在力所能及的前提下满足要求，提供帮助。

3. 确定接待规格

接待的规格应根据客人的具体情况而定，一般不可过高，也不可过低，以接待者身份与来访者身份对等为宜，具体采用什么接待规格，由主人确定。接待规格必须事先确定，安排好接待人员，避免出现客人到来后无人照顾的尴尬场面。接待规格主要有以下几种。

（1）高规格接待。即接待人员比来访人员身份高的接待。上级领导机关派工作人员来检查工作情况，传达指示；平行单位派工作人员来商谈重要事宜；下级机关有重要事情请示；知名人物来访谈或是先进人物来做报告，这些情况，一般都要作高规格接待，领导要适时出面作陪。

（2）对等接待。即接待人员与来访人员身份大体相等的接待。这是接待工作中最常见的，一般来的客人是什么级别，本单位也应派相应级别的同志接待作陪。

（3）低规格接待。即接待人员比来访人员身份低的接待。比如上级领导从地方路过或外地来的参观团等情况，都可作低规格接待处理，这种接待中要特别注意热情、礼貌。

4. 制订具体计划

为了避免疏漏，一定要制订详尽的接待计划，以便按部就班地做好接待工作。接待计划主要包括以下内容。

（1）确定接待规格。即确定本次接待应由哪位高层管理者出面（主陪）、其他陪同者、住宿、用车、餐饮的规格等。

（2）日程安排。包括来访的起止时间、每天的活动内容等，日程安排要具体，包括日期、时间、活动内容、地点、陪同人员等内容，一般以表格的形式列出。

（3）经费预算。根据接待规格、人员数量、活动内容做出接待费用的预算。接待经费包括工作经费、住宿费、餐饮费、劳务费、交通费、礼品费、宣传公关费等。有时，客人的住宿费、交通费等要由客人一方支付，就要把所需费用数目与日程安排表一起提前寄给对方。接待经费从何而出，也是要落实的问题，特别是由两个以上单位联合接待时，从开始筹划起就要确定经费来源问题。

（4）工作人员。根据接待规格和活动内容确定工作人员的构成和数量，工作人员要做好来访前的准备工作、来访期间的联络沟通、协调服务工作。重要的团体来访，一个人是无法承担所有的准备工作的，在接待计划中，要确定各个接待环节的工作人员。为了使大家对自己的工作心中有数，要保证所有人员都准确地知道自己在本次接待活动中的任务，提前安排好自己的时间，保证接待工作顺利进行，可制定相应的表格，印发给相关人员。

5. 确认抵达时间

来宾到访时间有时因其健康状况，或因紧急事务缠身，或因天气变化、交通状况等影响，难免会有较大变动。因此，接待方务必要在对方正式启程前与对方再次确认一下抵达的具体时间，以便安排迎宾事宜。

（二）迎宾礼仪

1. 日常迎宾礼仪

（1）提前准备。接待环境应整洁干净，个人仪表应端庄得体，并提前备好茶点、水果、洽谈所涉及的资料，安排好客人行程，并根据行程提前做好迎送、休息、用餐等安排。

（2）亲切迎客。当客人来访时，应立即放下手中的工作，起身迎客入座，并礼貌地招呼："您好，欢迎光临""一路辛苦了""欢迎您来到我们公司"等。

（3）热忱待客。在接待客户时，要表现出热情好客的态度，尽可能地为客户提供方便和舒适的服务，并注重接待细节，不要出现任何失礼的行为，要让客户感到宾至如归。

拓展延伸

接待客人要热情友好，应遵守"3S"原则。

"3S"是指 Stand up、Smile、See（eye-contact），即起立、微笑、目视对方（眼神的接触）。当客人到达时，接待人员应热情接待客人，做到"3S"。

Stand up，用身体语言表示欢迎之意，起立是最基本的礼貌。不管客人的年龄和辈分怎样，对方刚刚到达时，需要站起来欢迎对方。

Smile，微笑的魅力总是无穷的，当客户到达时，微笑的表情会把欢迎和欣喜之意传递给对方。没有人会介意别人善待自己，当然，如果客人讲到什么悲惨的事件，就要配合面部表情，不能一味地微笑，以免被误认为嘲笑或讽刺。

See（eye-contact），聚精会神，正视客人，让客人感觉自己受到重视，感觉到主人在聆听他的发言。如果你起身、微笑，却不看着对方，那么客人会觉得你之前的动作与他无关，通过眼神才能真正把你的诚意传达给对方。

2. 商务活动迎宾礼仪

（1）迎宾人员。一般来说，迎宾人员与来宾的身份要相当，如果己方当事人因临时身体不适或不在当地等原因不能前来迎接，也可灵活变通，由职位相当的人士或由副职出面，遇到这种情况，应从礼貌出发向对方做出解释，迎宾人员最好与来宾专业对口。

（2）迎宾地点。来宾的地位身份不同，迎宾地点往往有所不同。一般情况下，迎宾的常规地点有交通工具停靠站（机场、码头、火车站等）、来宾临时住所（宾馆）、东道主的办公地点门外等，在确认迎宾地点时，还要考虑双方的身份、关系及自身的条件等。

（3）迎宾时间。到车站、机场去迎接客人，应提前到达，绝不能迟到让客人久等。客人刚下飞机或下车就能看见有人等候，尤其是第一次到这个城市，还能因此获得一种安全感；如迎宾迟到，会使客人感到失望和焦虑不安，还会因等待而产生不快，事后解释都有可能难以消除这种失职和不守信誉的印象。

（4）迎宾标识。如果迎宾人员与客人没见过面，一定要事先了解一下客人的外貌特征，最好举个小牌子去迎接，小牌子上尽量不要用白纸写黑字，这样会给人晦气的感觉；也不要写"××先生到此来"，而应写"××先生，欢迎您！""热烈欢迎××先生"之类的字样；字迹要端正、大方、清晰，一个好的迎宾标识，既有助于尽快接到客人，又能给客人留下美好的印象。

（三）常用待客礼仪

1. 引导

到办公室来的客人与领导见面，通常由公关人员引见、介绍。在引导客人去领导办公室的路途中，工作人员要走在客人左前方约两步远，保持与对方步调一致的速度，不可以走得过快或过慢，在陪同客人去见领导的这段时间内，不要只顾闷头走路，可以随机讲一些得体的话或介绍一下本单位的大概情况。为客人指引方向时，应掌心向上，五指并拢，以肘关节为轴，指向目标。

引领接待礼仪

在进领导办公室之前，要先轻轻叩门，得到允许后方可进入，切不可贸然闯入，叩门时应用手指关节轻叩，不可用力拍打。进入房间后，应先向领导点头致意，再把客人介绍给领导。介绍完毕，引领客人入座时，可帮客人拉开座椅，再请客人入座。走出房间时应自然、大方，保持较好的行姿，出门后应回身轻轻把门带上。

2. 奉茶

我国历来就有"客来敬茶"的民俗，最基本的奉茶礼仪就是客人来访马上奉茶，奉茶前应先请教客人的喜好，如有点心招待，应先端出点心，再奉茶。

（1）端茶不可随意。有的人端茶比较随意，一把拈住杯口或用一只手端杯，递到客人面前，这么做对长辈或客人是不够尊重的。一般情况下，要用两只手端杯，包含对客人的诚意与尊敬两层意思。奉茶时，手指勿碰触杯口，一手托杯底，一手握杯身，杯耳朝向客人右手侧，双手将茶递给客人的同时，并提示客人："您请用茶。"

（2）注意奉茶的先后顺序。一般顺序为：其一，先为客人上茶，后为主人上茶；其二，先为主宾上茶，后为次宾上茶；其三，先为女士上茶，后为男士上茶；其四，先为长辈上茶，后为晚辈上茶。若来宾人数较多，且彼此年龄差别不大时，则采取以进入客厅之门为起点，按顺时针方向依次上茶最为妥当。

（3）敬茶的细节要到位。双手端着茶盘进入客厅，首先将茶盘放在临近客人的茶几或桌上，然后右手拿着茶杯的杯托，左手附在杯托附近（若无杯托，应右手拿着茶杯的中部，左手托着杯底），从客人的左后侧用双手将茶杯递上去，注意尽量避免从客人的正前方上茶，这样不礼貌。茶杯放置到位之后，杯耳应朝向客人右手方向，递茶的同时轻声说："请用茶。"如果上茶时客人正在聊天或者有所打扰的情况下，应先道一句"对不起"，再送上一句"请用茶"。为客人斟茶时，水不能倒得太满，俗话说"茶七酒八""茶满欺人"，沏茶待客以七分满为宜。

3. 陪车

陪同乘车时应遵循"客人为尊、长者为尊"的原则。

乘车礼仪

（1）上车的礼仪。公关人员应让车子开到客人跟前，帮助客人打开车门，然后站在客人身后，请客人上车。若客人中有长辈，还应扶其先上，自己再进入车内。

（2）入座的礼仪。乘坐轿车时，通常有两种情况：当有专职司机开车时，后排的座位应让尊长坐（后排若为二人座，右边为尊；若为三人座，则两边为尊，右边次之，左边再次，如图6-2-1所示），晚辈或地位较低者，坐在司机边上的座位。如果是主人自己开车，要请主宾坐到主人的右侧，即前排右侧的位置，也就是副驾驶的位置，如图6-2-2所示。

图 6-2-1　　　　　　　　　　　　图 6-2-2

乘坐中大型面包车时，前座高于后座，右座高于左座；距离前门越近，座次越高。为客人关车门时，要先看清客人是否已经坐好，切忌关门过急，损伤客人。

（3）下车的礼仪。主方人员先下车，帮助客人打开车门，等候客人或长者下车，如图 6-2-3 所示。

图 6-2-3

（四）送客礼仪

送客是接待中的最后一环，处理不好将影响到整个接待工作的效果，善始善终才是正确的待客之道，得体的送客礼仪，可以给对方留下美好的回忆。

1. 婉言相留

日常接待活动中，宾主双方由谁提出道别是有讲究的，按照常规，道别应当由客人先提出来。当客人准备告辞时，一般都应婉言相留，希望其多坐一会儿，但也要尊重客人的意愿，不能强行挽留，以免贻误客人的工作、生活或学习的安排。

2. 起身相送

当客人提出告辞时，要等客人起身后再站起来相送，切忌没等客人起身，主人先于客人起立，这有逐客之嫌；同时，如有需要可帮助客人整理物品，并检查客人是否有物品遗漏。

3. 回赠礼物

"礼尚往来。往而不来，非礼也；来而不往，亦非礼也"（《礼记·曲礼上》）。

客人拜访时，如有礼品，待客人告辞时，最好给客人备一份礼品回赠。

4. 依依惜别

"出迎三步，身送七步"，是迎送宾客最基本的礼仪，切不可客人刚出门，就关上门，这是非常失礼的，应远送几步，依依惜别，并说"招待不周""希望下次再来"等礼貌用语，目送客人走远后再返回或关门。

拓展延伸

一般客人告辞离去，接待人员将其送至门口，说声"再见"即可。如果上司要求你代其送客，则应视需要将客人送至相应地点。如果对方是常客，通常应将其送至门口、电梯门口或楼梯旁、大楼地下、大院门外；如果是初次来访的贵客，则要陪伴对方走得更远些。如果只将客人送至会议室或办公室门口、服务台边，则要说声"对不起，失陪"，并目送客人走远；如果将客人送至电梯门口，则宜点头致意，目送客人至电梯门关合为止；若将客人送至大门口或汽车旁，则应帮客人携带行李或稍重物品，并帮客人拉开车门，开门时右手置于车门顶端，按先主宾后随员、先女宾后男宾的顺序或客人的习惯引导客人上车，同时向客人挥手道别，祝福旅途愉快，目送客人离去。在送别的过程中，切忌流露出不耐烦、急于脱身的神态，以免给客人匆忙打发走的感觉。

实训要点

拜访与接待礼仪操作要点见表 6-2-1。

表 6-2-1

操作项目	操作要求
拜访前的准备	（1）拜访前一定要了解对方的基本情况； （2）拜访前应先写信或打电话预约； （3）拜访前要准备有关资料，设计好拜访的流程； （4）拜访前要仪表端庄、衣着整洁
拜访中的礼仪	（1）拜访他人可以早到却不能迟到，要守时践约； （2）到了拜访对象的家门口或办公室，要先敲门或按门铃，在被允许进入或者主人出来迎接时才可以进去；

续表

操作项目	操作要求
拜访中的礼仪	（3）若是初次见面，拜访者应主动向对方致意，简单地做自我介绍，热情大方地与被拜访者行握手之礼；如果双方非初次见面，也要主动问好致意； （4）交谈要随机应变，处理得当。不随意打断对方讲话，要耐心倾听；拜访时间不宜拖得太长，要适时告辞
接待前的准备	（1）做好接待环境准备； （2）掌握客人的基本情况； （3）确定接待规格，制订接待计划； （4）确认客人抵达的时间
迎宾礼仪	日常迎宾：提前准备，亲切迎客，礼貌招呼，热忱待客 商务活动迎宾：（1）迎宾人员与来宾的身份要相当；（2）确认迎宾地点，有必要到车站、机场去迎接客人的，应提前到达，不能迟到让客人久等；（3）如果迎宾人员与客人没见过面，应事先了解客人的外貌特征，准备好迎宾的标识
常用待客礼仪	（1）引领来客见被访者，行为举止礼貌得体； （2）奉茶待客，注意奉茶的先后顺序，敬茶的细节要到位； （3）陪车时遵循"客人为尊、长者为尊"的原则；注意上车、入座、下车的礼仪
送客礼仪	客人准备告辞时，婉言相留；客人起身后，主人才能起身相送；客人拜访带着礼品的，应回赠礼物；目送客人走远后再返回或关门

拓展训练

搜索拜访与接待的相关视频或分小组创作拍摄情景剧，设计拜访和接待的工作场景，时间以5～10分钟为宜，视频编辑制作后在课堂播放，分组讨论相关礼仪操作中的优点和不足，提出改进建议。

礼仪提升记录表

评价项目	评价标准	分值	自评分	小组评分	综合得分
拜访前的准备	准备充分，包括对方的基本情况、材料准备，预约，仪容、服饰的准备	10			
拜访中的礼仪	拜访中守时践约、文明有礼、举止得体、交谈有方，适时告辞	5			

续表

评价项目	评价标准	分值	自评分	小组评分	综合得分
接待准备礼仪	掌握来宾基本状况	5			
	接待规格确定合理	5			
	接待计划考虑周全	10			
	确认抵达时间	5			
迎接礼仪	日常迎宾热情友好，待客礼貌周全	10			
	商务活动中迎宾人员与来宾的身份应相当，提前到位迎接，迎宾标识适用美观	10			
待客礼仪	引导手势正确，用语规范；奉茶顺序正确，举止得体；陪乘车礼仪规范到位	10			
送客礼仪	客人准备告辞时，婉言相留	5			
	客人起身后，主人才能起身相送	10			
	客人拜访带着礼品的，应回赠礼物	10			
	目送客人走远后再返回或关门	5			
总分		100			
努力方向		建议			

任务三　会务礼仪

任务目标

◆ 了解会前、会中、会后以及会议接待中的相关工作，能够遵守会议中的礼仪规范；

◆ 在承办会议、参加会议的过程中，通过得体的行为举止，发挥会议对外沟通联络的作用，塑造良好的组织形象。

任务三 会务礼仪

任务领航

在商务会议中,怎样进行会场布置和座位安排,才能营造良好的会议氛围?

案例品读

某公司年终颁奖晚会,邀请上级领导参加颁奖仪式,盛装礼仪小姐伴随着颁奖的音乐,手捧奖品交给主席台上的领导。一位礼仪小姐不知是紧张还是没跟上节奏,把应交给前一位领导的奖品递给了下一位领导,原本的颁奖次序一下乱了,排在末位的礼仪小姐送不出奖品,带着奖品退回后台,手上没有奖品的领导很尴尬,只好先退场,没有奖品的领奖人上台后又空着手跑下台。领奖次序被打乱,手拿奖品的领导要临时找相应的领奖人,表彰会应有的庄严、隆重荡然无存。忙乱的颁奖环节,给与会各方留下了不好的印象。

知识准备

会议是一种常见的社会现象,是相关人员围绕某一议题,有组织地进行讨论、商议或做出决定的一种社会活动方式。会议在我国的政治、经济、科技、文化各领域都发挥着重要的作用,在各行各业的活动中,会议既是重要的行政管理、沟通、协调的手段,也是传播信息、宣传动员的工作方式。

会务礼仪,是指召开会议前、会议中、会议后以及参会人员应注意的一系列职业礼仪规范,懂得会议礼仪对会议精神的执行有较大的促进作用。

拓展延伸

会务工作中,通过营造良好的会议氛围、树立良好的会议形象、促进有效的信息交流,达成会议目标并取得成果,是会议礼仪的目标。

以优雅的姿态、热情的态度,致力于塑造一个融洽、有序、专业且高效的会议氛围;以友好、开放、包容的态度,尊重每一个与会人员的意见,用友善的心灵去倾听，用明智的头脑去思考，用热诚的语言去交流，每一个字眼、每一个动作中，都是对会议进程的尊重和珍视。

有序的议程中，尊重每一个环节，珍视每一分时间。以专业的形象出现，穿着得体，举止文雅，言辞精准。在每一次讨论中，以理性的态度参与其中，用事实说话，用数据论证。用真诚的微笑打破陌生的壁垒，用温暖的目光传递友情的温度，在相互的交流中，不断增进了解，建立信任，为后续的工作打下坚实的基础。

一、会议准备礼仪

现代化的会议离不开各种辅助器材，在召开会议之前，应该把各种辅助器材准备妥当。

（一）会场预定

1. 确定会议地点

应综合考虑多种因素，选择恰当的会议地点，日常会议选址往往考虑以下几个方面。

（1）远近合适。会场地点应该方便与会者前往，一般应选择距与会者的工作地点较近的地方，同时应考虑交通便利。

（2）大小合适。会场大小应与会议规模相符，一般来讲，每人平均应有2～3平方米的活动空间比较合适，同时应考虑会议时间的长短，时间长的会议，场地可以大一点。

（3）设备齐全。场地要有良好的设备配置，桌椅家具、通风设备、照明设备、空调设备、音响设备要尽量齐全；同时应根据会议的需要检查有无需要租用的特殊设备，如演示板、电子白板、放映设备、录音机、投影仪、计算机和麦克风等。

（4）不受干扰。场地应不受外界干扰，应尽量避开闹市区，"外界干扰"还包括室外的各种噪声、打进会场的电话，以及来访和参观等，会场内部应具有良好的隔音设备，以保证会议能在安静的环境中顺利进行。

（5）租金合理。场地租借的费用必须合理，避免铺张浪费，违背单位财务管理的规定。

（6）交通便利。公共交通便利或者有专门的停车场所供参会者停车。

（二）会场布置

商务会议中的会场布置与座位安排礼仪非常重要，通过合理的布置和安排，可以营造出一个舒适、有序的会议环境，提高会议的效率和质量。精心布置会场，其目的是为实现会议目标烘托气氛，创造心理条件。会场布置包括主席台设置、座位安排、会场内花卉陈设等，座位安排包括会场内的基本格局、主席台的座次、场内人员座次及区域划分。会场布置的基本要求是庄重、美观、舒适，体现出会议的主题和气氛，同时还要考虑会议的性质、规格、规模等。

1. 主席台座次

主席台座次的安排一般应符合惯例，会议主席台就座者都是主办方的负责人，贵宾或主席团成员，安排座位时应注意以下惯例：

（1）依职务的高低和选举的结果为序，职务最高者居中，然后按先左后右的顺序依次排列，如图6-3-1、图6-3-2所示。正式代表在前居中，列席代表在后居侧。

主席台座次排列，领导为单数时，主要领导居中，2号领导在1号领导**左手位置**，3号领导在1号领导**右手位置**；可参见图6-3-1的座次排列：

图6-3-1

主席台座次安排，领导为偶数时，1、2号领导同时居中，2号领导依然在1号领导**左手位置**，3号领导依然在1号领导**右手位置**。可参见图6-3-2的座次排列：

图6-3-2

（2）以姓氏笔画为序。

（3）以汉语拼音字母的顺序排列。

（4）主席台的桌子，每个座位的左侧放置姓名台签。

2. 场内其他人员的座次

（1）小型会场内座位的安排。

小型会议室的座位，应考虑与会者就座的习惯，同时要突出主持人和发言人。要注意分清上下座，一般离会场的入口处远、离会议主席位置近的座位为上座；反之，为下座。会议的主持人或会议主席的位置应安排在远离入口处、正对门的位置。

会议室位次礼仪

（2）中大型会场内座位的安排。

①横排法。是按照参加会议人员的名单，以姓氏笔画或单位名称笔画为序，从左至右横向依次排列座次的方法。选择这种方法时，应注意先安排会议的正式代表或成员，然后排列列席代表和成员。

②竖排法。是按照每个代表团或各单位成员的既定次序或姓氏笔画从前至后纵向依次排列座次的方法，选择这种方法也应注意将正式代表或成员排在前，列席成员、职务低者排在后。

③左右排列法。是按照参加会议人员的姓氏笔画或单位名称笔画为序，以会场主席台中心为基点，向左右两边交错扩展排列座位的方法，选择这种方法时应注意人数，如果一个代表团或一个单位的成员人数是双数，那么排在第一、二位的两位成员应居中，以保持两边人数的均衡。

3. 会场的整体布局类型

（1）较大型会场的座次安排。会场座位布局摆放可以有多种形式或形状。较大型的会场，一般在礼堂、会堂、体育场馆举行，其形式或形状基本固定；还可采取大小方形和半圆形会场座位布局，大小方形适合大型的代表会议、纪念性会议、布置工作会议等。

（2）中小型会议的座次安排。一些中小型的办公会、专题会、研讨会一般在会议室、会议厅或临时设置的会客室进行，可摆放成方拱形、半月形、椭圆形、圆形、长方形、T字形等座位布局，如图6-3-3、图6-3-4所示，这些形式可使人员坐得比较紧凑，便于讨论和发言。

图 6-3-3

图 6-3-4

（三）会议用品准备

商务会议中，会议用品的准备是必不可少的。会议用品包括纸笔、水杯、矿泉水等基本用品，以及会议文件、PPT等会议资料，同时，还需注意会议用品的摆放顺序和位置，以方便参会人员使用。

1. 准备茶水饮料等

会议上的茶水饮料现在常用矿泉水，因为每个人的口味不一样，有的人喜欢喝茶，有的人喜欢喝饮料，还有的人喜欢喝咖啡，所以如果没有特别的要求，矿泉水是能让每个人都接受的选择。大型会议可在休息处放置饮水机、矿泉水、纸杯、点心、水果等，会议休息时，与会人员自助取用。

2. 准备签到簿、名册、会议议程

签到簿的作用是帮助统计到会人员的情况，一方面了解会议出席情况，另一方面在必要时安排就餐、住宿等。印刷名册可以方便会议的主席及与会人员尽快掌握参加会议人员的相关资料，加深了解，熟悉彼此。

3. 黑板、白板、笔、资料、样品

有的会议，与会人员需要在黑板或者白板上写字或画图来说明问题，虽然视听设备发展得很快，但是传统的表达方式依然受到很多人的喜爱，而且在黑板或白板上表述具有即兴、方便的特点。此外，粉笔、万能笔、板擦等配套的工具也必不可少。

如果会议属于业务汇报或者产品介绍，应准备有关的资料和样品，比如在介绍一种新产品时，单凭口头泛泛而谈是不能给人留下深刻印象的，如果给大家展示样品，并结合样品介绍它的特点和优点，就能够给大家留下更深刻的印象。

4. 各种视听器材

现代科技的发展带来了投影仪、幻灯机、录像机、镭射指示笔或指示棒等视听设备，给人们提供了极大的方便。在召开会议前，必须先检查各种设备是否能正常使用，录音机和摄像机在必要时可以把会议的过程和内容完整记录下来，有时需要立即把会议的结论或建议打印出来，就需要准备一台小型的影印机或打印机。

二、会议接待礼仪

（一）会议接站

对于大型国内、国际性会议来说，会议组织者应安排接站，相关工作人员要做好以下工作。

（1）接受任务后，应尽快掌握需要接站人员的信息，包括人数、身份，包括职务、级别、年龄、性别等。对于本地与会人员，如果条件具备，可为他们安排交通工具；对于外地来的与会人员，要弄清楚乘坐的交通工具和到达的具体时间，以便及早安排人员、车辆，安全准时地接站，同时要做好各项生活服务准备工作。

（2）客人抵达接站地点时，要迎上前去握手、致意，并介绍欢迎人员的姓名、身份、职务，主动帮他们提行李。如果有领导光临，应安排级别相当的领导前往迎接。

（3）客人乘坐汽车时主人应陪车，要注意乘车礼仪。上车时，主动为客人开车门，待客人坐好后，自己再入座；下车时，要先下车为客人开门，并做好引导工作。

（二）会议接待工作

大中型会议一般设有专人接待，接待人员要预先熟悉与会者的名字、职务、单位以及房间号码等信息，以便能够快捷地引导他们入住、进入会场。对于与会者提出的各种要求，如饭菜口味、居住问题、交通问题，要尽可能解决。

小型会议大多由公司秘书人员担任接待，接待人员的态度与礼仪，关系到与会者对本单位的印象，负责接待的人员自始至终要彬彬有礼，服务周到。

（三）会议就餐服务

会议饮食直接关系到与会人员的身体健康和参会状态，会议组织者要努力做好餐饮工作。

（1）做好饮食预算，提供优质高效的餐厅服务工作。饮食要干净、卫生、美味，尽量照顾不同口味的与会者的需要。

（2）接待与会者之前，会议组织者应事先了解与会者的宗教信仰和饮食禁忌，兼顾特殊要求，制定餐饮食谱。认真制定每日菜谱，既要保证与会者的合理营养，又要杜绝浪费，尤其要注意饮食卫生，防止发生食物中毒事件。

（3）特殊商务会议对餐饮要求较高，除了精心制定菜谱外，还要考虑进餐的环境和情调、桌次的布置、烛台和鲜花的搭配、音乐和乐队的选择等。

（四）会议住宿工作

会期较长需要安排住宿的会议，在安排住宿时应考虑以下几个方面：

（1）选择环境清幽、卫生条件好、设施齐全、离会场较近的宾馆和饭店。

（2）安排住房时，要根据与会人员的职务、年龄、健康状况、性别和房间条件等综合考虑、统筹安排。

（3）安排房间的工作应提早进行，并将分房名单登记造册，在会议报到时将房间钥匙交给与会者。

三、会中相关礼仪

（一）与会礼仪

走上工作岗位后，不仅要参加本组织内部的会议，有时还要参加其他组织的会议。外出参加会议时，代表的是本组织的形象，要有维护组织形象的大局意识，在参加会议之前，要做好准备。

开会前，如果临时有事不能出席，必须通知对方。参加会议前要多听取上司或同事的意见，准备好参加会议所需的资料。

会议参加者应衣着整洁，仪表大方，准时入场，进出有序，依会议安排落座，开会时应认真听讲，手机保持静音，以免来电干扰会议进行。如果要作发言，发言应简明扼要；倾听其他人发言时，如果有疑问，要通过适当的方式提出来，不要私下小声说话或交头接耳，他人发言结束时，应鼓掌致意。没有特别的情况不要中途退席，若有特殊情况需要提前离开，必要时征得会议主办方的同意，退场时不影响他人。要利用参加会议的机会，与各方面沟通，建立良好的人际关系。

（二）发言礼仪

会议发言有正式发言和自由发言两种，前者一般是领导报告，后者一般是讨论发言。正式发言者，应衣冠整齐，走上主席台时步态自然，刚劲有力，体现一种成竹在胸、自信自强的风度与气质。发言时应口齿清晰，讲究逻辑，简明扼要。如果是书面发言，要时常抬头扫视一下会场，不能低头读稿；发言完毕后对听众的聆听要表示谢意。

自由发言则较随意，但要注意发言讲究顺序和秩序，不能争抢发言；发言应简短，观点应明确；与他人有分歧时，要以理服人，态度平和，听从主持人的指挥。

如果有会议参加者对自己的发言提问，应礼貌作答，对不能回答的问题，应机智而礼貌地说明理由，对提问人的批评和意见应认真听取，即使提问者的批评是错误的，也不应失态。

（三）主持礼仪

各种会议的主持人，一般由具有一定职位的人来担任，其礼仪表现对会议能否圆满成功有着重要的影响。

（1）主持人应衣着整洁，大方庄重，精神饱满，切忌不修边幅，邋里邋遢。

（2）走上主席台时应步伐稳健有力，入席后，如果是站立主持，应双腿并拢，腰背挺直。持稿主持时，稿件一般做成手卡大小，左手拿稿，右手持话筒，高度至胸前，远近根据视力调整，一般以手肘弯曲35°为宜，如图6-3-5所示；双手持稿时，应与胸齐高。坐姿主持时，应身体挺直，主持过程中，切忌出现搔头、揉眼、抖腿等不雅动作。

图6-3-5

（3）主持人言谈应口齿清楚，思维敏捷，根据会议性质调节会议气氛，或庄重，或幽默，或沉稳，或活泼。

（4）主持时对会场上的熟人不能打招呼，更不能寒暄闲谈，会议开始前，可点头、微笑致意。

（四）合影礼仪

正式的合影，既可以排列位次，也可以不排位次。

在合影时，宾主一般均应站立，必要时，可安排前排人员就座，后排人员梯级站立。若安排参加者就座，应先期在座位上贴上便于辨认的名签。

国内合影的排位，一般讲究居前为上、居中为上和居左为上。通常，合影时主方人员居右，客方人员居左，如图6-3-6所示。

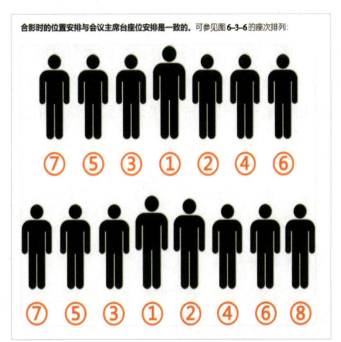

会晤合影礼仪

图6-3-6

涉外场合合影，讲究以右为上，主人居中，主宾居右，双方人员分主左宾右依次排开。

四、会议结束礼仪

（一）协助与会者返程

与会人员需要乘坐远程交通工具返程的会议，往往需要在报到时根据与会者的要求做好返程车、船、票的预订工作，会议结束时一般需要将客人安全送到机场、车站。

（二）会场清理与检查

会议结束后，应清理会场及驻地，归还租借的物品，如有遗失物品及时归还参会失主，会议设备中使用的相关涉密材料和数据应及时清除。

（三）会议工作总结

会议工作总结是不断提高办会质量的重要环节，承办方应总结会议的组织情况，总结经验，吸取教训，及时发现和弥补工作中的疏漏。

（四）会议经费结算

会议结束后应与饭店、宾馆、会场等有关单位就会议的开支情况进行经费结算，会议经费包括与会人员的食宿费用，租用会场、会议室的费用，租借车辆的费用，文件印刷的费用，通信、传真的费用，文娱活动费用，证件制作费用，会议用品费用等。

实训要点

会务礼仪操作要点见表6-3-1。

表6-3-1

操作项目	操作内容	操作要求
会议准备礼仪	场地选择	综合考虑多种因素，选择恰当的会议地点，考虑距离、大小、费用、设施等因素
	会场布置	庄重、美观、舒适，体现出会议的主题和气氛，同时还要考虑会议的性质、规格、规模
	座位安排	根据参会人员的职务、年龄、性别等因素，按照礼仪要求安排座位
	座位标识	在座位上放置标识牌，以便参会人员准确就座
	会议用品	准备必要的会议用品，如水、茶叶、纸张、笔、会议资料、视听工具等

续表

操作项目	操作内容	操作要求
会议接待礼仪	会议接站	准时接站，同时要做好各项生活服务准备，注意恰当运用见面礼仪，如握手、介绍等；陪同乘车时要注意乘车礼仪
	会议就餐服务	提供优质高效的餐厅服务工作，尽量照顾不同口味的与会者的需要，除了精心制定菜谱外，要考虑进餐的环境和情调、桌次的布置、烛台和鲜花的搭配、音乐和乐队的选择等
	会议住宿工作	选择环境清幽、卫生条件好、设施齐全、离会场较近的宾馆和饭店，综合考虑、统筹安排，提早进行，并将分房名单登记造册，在会议报到时将房间钥匙交给与会者
会中相关礼仪	与会礼仪	仪表大方，准时入场，进出有序；认真听讲，不要私下小声说话或交头接耳；发言结束时，应鼓掌致意
	发言礼仪	发言时应口齿清晰，讲究逻辑，简明扼要。书面发言，要时常抬头扫视一下会场，发言完毕后应对听众的聆听表示谢意；自由发言要注意讲究顺序和秩序
	主持礼仪	衣着整洁，大方庄重，精神饱满；口齿清楚，思维敏捷，行为举止得体，根据会议性质调节气氛
	合影礼仪	国内合影一般讲究居前为上、居中为上和居左为上；涉外场合合影，讲究以右为上，令主人居中，主宾居右，双方人员分主左宾右依次排开
会议结束礼仪	协助返程	报到时根据与会者的要求做好返程车、船、票的预订工作，会议结束时往往需要将客人安全送到机场、车站
	会场清理	清理会场及会议驻地，如有遗失物品及时归还，归还租借的物品。会议设备中使用的相关涉密材料和数据应及时清除
	会议总结	总结经验，吸取教训，及时发现和弥补工作中的疏漏
	经费结算	会议结束后应与饭店、宾馆、会场等有关单位就会议的开支情况进行经费结算

拓展训练

××中学举行100周年庆祝大会，往届近200名毕业生接受邀请回校参加庆典。

要求：小组分工，模拟会前准备、会议接待、会中及会后相关工作中的礼仪，可采用现场表演或录制视频的方式进行展示。

项目六　沟通交际礼仪

礼仪提升记录表

评价项目	评价标准	分值	自评分	小组评分	综合得分
会议准备礼仪	场地选择符合会议主题要求	10			
	会场布置风格与会议主题相符	10			
	座牌摆放合理、有序	5			
	会议用品准备恰当、齐全	10			
会议接待礼仪	准时接站，接待礼仪规范	10			
	会议就餐服务周到	10			
	会议住宿提前统筹安排到位	10			
会中相关礼仪	仪表大方，准时入场，进出有序；认真听讲	10			
	发言清晰，思路敏捷	10			
	主持会议，仪态大方得体	5			
	参加合影，站位准确	5			
会后服务礼仪	送客、会议总结、会场清理、经费结算工作及时完成	5			
	总分	100			
努力方向		建议			

任务四　现代通信礼仪

◆ 恰当规范地使用电话、手机、网络，在通信中展现得体的礼仪；

◆利用通信工具交流过程中语言表达流畅,思路清晰,办事准确;

◆熟练运用电话和手机通信的技巧,提高办事的效率,展现信息时代良好的个人素质。

任务领航

接打电话,使用网络已经成为人们工作和生活中的常态,你认为利用通信工具时应注意哪些礼节,才可以更好地实现人与人之间的沟通交流?

案例品读

"如何接电话"目前是国际上许多公司培训员工职业化程度的一项内容。微软公司的员工拿起电话,第一句话肯定是"你好,微软公司!"有一次,微软一个分公司举行庆祝会,员工们在一家宾馆住宿。深夜,因为活动日程临时变动,前台服务员挨个打电话通知。第二天,她面露惊奇地和同事交流:"你知道吗?我给145个房间打电话,至少有50个电话的第一句话是:你好,微软公司!"深夜迷迷糊糊接电话,依然如此,足见微软文化的力量,同时也显示了微软人的职业水准。

知识准备

一、电话礼仪

电话已经成为人们基本的沟通手段,有统计数据说,一个人一生平均有8760个小时在打电话。电话的沟通比面对面的沟通有时更具挑战性,因为面对面可以看到表情,有声音以外的信息来辅助。电话如果使用不当,就有可能对个人的职业生涯、人际关系和公司利益造成潜在的损失,甚至成为事业发展的障碍。

(一)接打电话的语言要求

有人一边打电话一边抽烟、喝茶、看报纸,这是非常失礼的。在电话里,一个人是否面带笑容,对方是"听"得出来的。一个人,无论在何种情况下面带微笑地接听和拨打电话(图6-4-1),不让自己的消极情绪影响电话另一端的无辜者,是具备高层次的个人修养和职业素养的表现。职业活动中,如果能够做到这一点,不但会赢得客户的好感,也可以赢得同事的尊重。

图 6-4-1

(1)态度礼貌友善。礼貌的语言、柔和的声音,往往会给对方留下亲切之感。

(2)传递信息简洁。问候完毕,开宗明义,直言主题,少讲空话废话。

电话沟通礼仪

(3)控制语速和语调。语调温和,语速适中,容易使对方产生愉悦感;语速太快,对方容易听不清;太慢,显得懒散拖沓,对方会不耐烦;语调太高,不柔和,太低会显得有气无力。通话时,如果环境中有其他声音,应向对方解释以免产生误解。

拓展延伸

日本一位研究传播的权威人士说:不管是在公司还是在家里,凭这个人在电话里的讲话方式,基本就可以判断出其"教养的水准"。一家日本公司要求每一名接线员在面前放一面镜子,以保证在接听电话的时候,随时可以看到自己脸上的微笑,据说效果非常好,因为微笑让接线员的声音听起来特别亲切,态度也特别友善。顾客们对这家公司的热情服务盛赞不已。

(二)接电话的礼仪

(1)迅速接听,但不要操之过急。电话铃响起后,最好在三声之内接听。即便电话离自己办公桌较远,在附近没有其他人的情况下,也应主动接听,如果电话铃响了四五声才接,应表示歉意,说明迟接电话的原因。一般情况下,应在电话第一声铃音结束后接听，太快接起，拨打电话的一方可能会一下反应不过来。

（2）态度谦和，积极反馈。接起电话后，首先要问候并自报家门。接听的过程中，要专心并运用恰当的语调进行积极应答；如果有重要客人或其他不方便接听电话或深谈的情况，可向对方说明原因，并表示歉意，约定时间，届时主动打过去。

（3）详细记录，尤其是工作时间与单位业务有关的事项，要做好记录，即使电话中就可以处理的事项，记录也可以作为备忘，要明确了解和掌握来电的目的，不清楚的地方要及时询问和确认，必要信息要向对方重复一遍以免遗漏。

（4）礼遇打错电话者。即使接起的是一个错误电话，也应当保持涵养和风度。如果方便可能的话，可以把正确的号码告知对方。有时错误的来电，也可能是自己和所在单位树立良好职业形象的契机。

（5）及时结束没完没了的电话。弄清楚来电意图后，针对双方达成共识的内容做出简短总结，取得对方肯定性答复后，可以说"好的，那我就不占用您的时间了，有时间我们再联络"。

（三）拨打电话的礼仪

（1）选择恰当的时间。如果是双方事先约定的，要准时致电。事先没有约定时间，主动回避对方精力或许松懈的时间，如周五下午、周一上午、上班后的前半个小时、下班前的最后几分钟；还要努力避开影响对方生活或休息的时间，例如假期、午休、凌晨、深夜或就餐时间；打国际长途还应考虑一下时差。

（2）做好准备，合理安排通话长度和内容。通话前要了解对方的电话号码、公司或单位名称以及接听人的姓名等有关信息；写出谈话要点和询问要点，准备好在应答中使用的纸和笔以及必要的资料和文件。既要把内容讲清楚，又不要占用对方太多时间。一般情况下，打电话的时间应当保持在 3 分钟以内，如果确实无法在短时间内结束电话，通话期间要礼貌地征求对方意见，允许后延长通话时间，挂电话时要表示歉意。

（3）礼貌的开场白。电话接通后，首先应礼貌地问候一声"您好"，不要在不打招呼的情况下就介绍自己。其次要自报家门，主要有四种方式：一是直接报自己的姓名；二是报自己所在单位名称；三是先报单位名称，再报个人全名；四是报所在单位名称后，再报自己的全名和职务。可以根据私人交往，或业务交往的情况选择合适的方式自报家门。

（4）礼貌地结束通话。一般情况下，应当是打电话一方主动挂断，如果是与上级和长辈、客户通电话，最好让对方先挂断。通话中如果出现意外中断，应主动打过去并解释；电话结束时，要道谢和说再见；挂电话时，要轻放话筒。

（四）转接电话的礼仪

工作时经常会遇到帮别人转接电话的情况，在转接时不仅要遵守接听电话的礼仪，还有以下方面需要注意。

办公室接听电话礼仪

（1）明确身份。首先要弄清楚"打电话的人是谁"和"要找的人是谁"。对方自报家门和说出要找的人之后，要加以确认，将来电者的姓名和身份以及转接对象的有关信息复述一遍。如果转接对象不在，应当向发话人具体说明本人的身份，告知对方自己的具体职务以及与对方所找之人的关系，以便对方斟酌是否由自己代劳。

（2）及时准确地转接电话。转接电话时，要注意用手遮住话筒告知接电话的人，要注意自己的语言，不能电话放在一边信口开河。如果要找的人不在或不方便甚至不愿接听电话，应根据实际情况做出恰当回复。接话人不在，发话人同意的前提下可以代劳，认真做好记录并转交给当事人。

（3）代接电话，不论涉及公务还是私事，均有义务保守秘密，不应擅自扩散有关信息。只有得到当事人允许，才能透露其手机号或家庭号码以及其他有关个人或单位的事项。

（五）使用手机的有关礼仪

（1）注意场合和秩序。在写字间工作时，尽量少用手机，多用座机，更要避免频繁的电话或短信铃音干扰其他人的工作和休息；接待客户、向领导汇报工作时，手机可设置静音，尽量避免使用手机；参加重要会晤、谈判或会议时，不宜使用手机，最好不要随身携带手机。使用手机时，不要破坏公共秩序，在人多又需要相对要求保持安静的公共场所，如音乐厅、美术馆、影剧院、歌剧院、图书馆、候机楼等场所以及有些比赛、开会现场，手机尽量保持静音。

（2）注意安全，遵守法律。凡明文规定禁止使用手机或手机某些功能的地方，都要严格遵守，如驾驶汽车、乘坐飞机或置身油库、病房时不要使用手机；

未经正式允许不要使用手机偷偷录音、录像、拍照、上网或以其他方式向外界传递公司内部信息，更不能利用手机窃取情报。

（3）及时告知手机变更信息。为了保持联络的通畅，一旦手机号码变更，应向重要交往对象通报，对于别人的号码未经允许，不宜随便对外公开。

二、网络礼仪

使用网络办公要本着节省资源的原则，不能私自挪用公用的网络，工作时间不要网上聊天。使用网络传递邮件时，注意书写的语气，及时查收处理相关信息，回复邮件时应当附上原文，每一封信有一个明确的主题，信件发往多个地址时，最好分别发送。

实时交流中要礼貌、友好，用语简洁，避免引起争议的话题。在网络上传递信息时，不能违反法律法规和有关规定。不能在网上侮辱、谩骂他人，不能传播谣言、散布虚假信息。禁止在网上传播不健康的内容。

使用网络要注意安全问题：第一，不要随便传递内部文件和信息，以免造成泄密。第二，要有安全自保意识，公用账户、私人密码不要在公众场合使用。第三，要防范黑客、病毒，不要使用盗版软件，要谨慎对待不明电子邮件。对于有关部门发布的信息预警，要及时采取措施防范。

实训要点

通信礼仪操作要点见表6-4-1。

表6-4-1

操作项目	操作内容与要求
接电话	迅速接听，铃响三声之内最好，迟接要表示歉意
	态度谦和，积极反馈，主动问候，自报家门，认真听取，积极应答，不方便接听和深谈时，约定时间打回去
	记录备忘，及时询问和确认有关信息
	礼遇打错电话者，保持风度和涵养，可能的话告知对方正确号码
	达成共识后简短总结，得到对方肯定答复后及时结束通话

续表

操作项目	操作内容与要求
转接电话	明确打电话的人和要找的人；转接对象不在时，可表明自己身份，以便对方确定是否代转内容
	告知转接对象时，注意用词，忌电话放一边信口开河；如果转接对象不在，恰当回复
	不泄露电话内容，未经允许不随意泄露转接对象的个人信息或单位
打电话	选择合适的时间，回避对方精力或许松懈的时间，避开影响对方生活或休息的时间，国际长途要考虑时差
	准备充分，合理安排通话长度和内容，一般在3分钟以内，长时通话要征求对方意见，结束通话要表示歉意
	礼貌开场白，首先问候，根据情况选择合适的自报家门的方式
	礼貌结束通话，一般是拨打方主动挂断电话；对方是长辈或客户时，可等待对方挂断；意外中断时要主动拨打并解释，结束时轻放电话
使用手机	注意场合，避免频繁地来电铃音打扰他人工作和休息，不宜使用手机的场合不带手机，要求安静的场合要静音
	注意安全，遵守法律，禁止使用手机的场合要严格遵守，不使用手机进行违纪违法行为
	手机变更要及时告知有关对象，他人号码未经允许不能公开
使用网络	不在工作时间聊天，及时收发处理信息
	注意网络安全，不随意传递公司内部文件或信息，要有安全意识，谨慎对待不明邮件

拓展训练

1. 案例分析

智能手机已经成为我们生活中的一部分，手机的功能大家都会使用，但"手机礼仪"却未必人人都懂。公交车上、候车室内、餐馆，当人们安静乘车、休息或吃饭时，有时会遇到这样的情况：有人将手机声音外放、打游戏、追电视剧，完全沉浸在自己的世界中，却忽略了周围人的感受。很多人没有意识到无论多么悦耳动听的手机音乐，如果不合时宜，对别人就是噪声。当人们沉浸在精彩的演出中时，不合时宜响起的手机铃声往往让人反感；开家长会时，响起的手机铃声，会干扰老师与家长交流的思路；公共场合旁若无人地利用手机高谈阔论，也会影响别人，这是不尊重他人的表现；加油站、医院等特殊区域使用手机，会给自己和他人带来安全隐患……

思考：

（1）你是否遇到过他人使用手机不注重礼仪的情况？你当时的心情如何？

（2）手机使用应该注意哪些场合？你在使用手机的过程中有哪些需要改进的方面？

2. 情境表演

德源房产中介小李打电话给房主和意向客户，预约双方面谈交易的有关事宜。

要求：

制定情境表演的方案，在尊重客观事实的基础上分组进行接打电话、转接电话的模拟训练与展示。

礼仪提升记录表

评价项目	评价标准	分值	自评分	小组评分	综合得分
接听电话	接听及时	10			
	微笑接听，态度谦和	10			
	恰当处理来电，办事准确	10			
	认真记录，及时反馈	10			
拨打电话	选择时间合适	10			
	准备充分，表达流畅，语调语速适中	10			
	礼貌交流，注重效率	10			
手机使用	注意场合	10			
	遵守公共秩序和安全要求	10			
	及时告知号码更改信息	5			

续表

评价项目	评价标准	分值	自评分	小组评分	综合得分
网络使用	遵守使用的要求，文明上网	5			
	总分	100			
努力方向		建议			

参考文献

［1］何浩然．中外礼仪［M］．大连：东北财经大学出版社，2002．

［2］金正昆．社交礼仪［M］．北京：北京大学音像出版社，2004．

［3］孙乐中．实用日常礼仪［M］．南京：江苏科学技术出版社，2005．

［4］董宝军．中外礼仪大全［M］．北京：民族出版社，2005．

［5］李敏，刘晓丽．国外的礼仪与禁忌［M］．北京：中国社会出版社，2006．

［6］金正昆．公司礼仪［M］．北京：首都经济贸易大学出版社，2009．

［7］陈丽卿．职场礼仪［M］．北京：机械工业出版社，2010．

［8］张岩松．现代公关礼仪［M］．北京：经济管理出版社，2010．

［9］李洪勇．礼仪全攻略［M］．北京：清华大学出版社，2010．

［10］张岩松，唐召英．现代交际礼仪实训教程［M］．北京：清华大学出版，2011．

［11］董耐群，刘庆均．社交礼仪实训教程［M］．北京：北京交通大学出版社，2012．

［12］张宪．公关礼仪训练［M］．北京：高等教育出版社，2015．

［13］胡宁，刘湘文，刘安拉．中职生礼仪规范教程［M］．北京：科学出版社，2016．

［14］中共中央宣传部．习近平总书记系列重要讲话读本［M］．北京：学习出版社，人民出版社，2014．

［15］习近平谈治国理政第2卷［M］．北京：外文出版社，2017．

［16］李荣建．中国优秀礼仪文化［M］．南京：江苏人民出版社，2015．

［17］罗栖．礼仪文化［M］．北京：当代世界出版社，2018．

［18］刘青，邓代玉．中国礼仪文化［M］．北京：时事出版社，2009．

［19］方志宏．礼仪文化概论［M］．南京：东南大学出版社，2014．

［20］周赟．中国古代礼仪文化［M］．北京：中华书局，2019．

［21］胡平生．礼记［M］．张萌，译．北京：中华书局，2017．

［22］葛晨虹．中国礼仪文化［M］．北京：经济科学出版社，2001．

［23］［美］苏·福克斯．身边的礼仪［M］．张乐，马千，译．北京：机械工业出版社，2008．